"互联网+"背景下现代农业
服务业发展策略研究
——基于黑龙江省的分析

吴彦艳　张丽霞　李　琳　著

哈尔滨商业大学学科项目"现代服务业支撑龙江振兴发展研究"
（项目编号：hx2016001）资助

科 学 出 版 社

北 京

内 容 简 介

本书在我国"互联网+"的发展背景下，以促进现代农业发展为目标，研究现代农业服务业的相关理论，并且以黑龙江省为例，分析黑龙江省现代农业服务业的发展现状，通过问卷调查方式实际分析黑龙江省现代农业发展对现代农业服务业的需求、供给及存在的供求矛盾，在此基础上分析黑龙江省现代农业服务业的发展路径及分层发展策略。最后，以农业电子商务为例，研究黑龙江省农业电子商务的发展策略。

本书可供农业经济管理、技术经济管理及相关领域研究人员和工作者参考。

图书在版编目（CIP）数据

"互联网+"背景下现代农业服务业发展策略研究：基于黑龙江省的分析 / 吴彦艳，张丽霞，李琳著. —北京：科学出版社，2019.3
ISBN 978-7-03-057278-3

Ⅰ. ①互… Ⅱ. ①吴… ②张… ③李… Ⅲ. ①农业经济–服务业–经济发展–研究–黑龙江省 Ⅳ. ①F327.35

中国版本图书馆 CIP 数据核字（2018）第 083804 号

责任编辑：李 莉 / 责任校对：杨 赛
责任印制：张 伟 / 封面设计：无极书装

科学出版社 出版
北京东黄城根北街 16 号
邮政编码：100717
http://www.sciencep.com

北京盛通商印快线网络科技有限公司 印刷
科学出版社发行 各地新华书店经销

*

2019 年 3 月第 一 版　　开本：720×1000 B5
2019 年 3 月第一次印刷　　印张：7
字数：142 000
定价：**62.00 元**
（如有印装质量问题，我社负责调换）

前　言

以互联网为代表的现代网络信息技术的迅速普及和发展，不仅带来了信息技术革命，而且给传统行业发展带来了巨大的变革。"互联网+"行动计划的提出，使互联网的发展从消费领域逐步扩展到生产领域，加速了互联网与工业、农业、金融、商贸等传统生产领域的融合，成为推动传统行业创新和改革的重要动力。

农业作为我国重要的传统行业，关系到国计民生，加快农业产业结构升级，促进现代农业发展，一直是政府关注的重点，中央一号文件连续十多年都关注农业、农村、农民问题。"互联网+"行动计划上升为国家战略以来，国家多项文件提出了"互联网+农业"的发展战略，借助互联网信息技术发展现代农业成为当前农业产业改革的重要趋势和方向。农业发展已经走过了机械化、自动化的发展道路，信息化成为当前现代农业发展的必由之路。借助互联网促进现代农业服务业发展成为推动现代农业发展的重要途径。

黑龙江省作为我国的农业大省，粮食产量连续多年居全国首位，农业产业在全省经济发展中占据重要地位，同时，农业产业结构升级及农业供给侧改革任务繁重。借助互联网信息技术，发展现代农业服务业，改造传统农业，加快现代农业发展是黑龙江省农业产业发展的重要任务和目标。

为了推动黑龙江省现代农业服务业的发展，促进黑龙江省经济社会发展，黑龙江省制订了"现代服务业支撑龙江振兴发展研究"的学科建设资助计划，本书是在此资助的基础上完成的。本书的第 1、4、5、8 章由哈尔滨商业大学的吴彦艳老师完成，第 2、6 章由哈尔滨商业大学的张丽霞老师完成，第 3、7 章由哈尔滨商业大学的李琳老师完成。全书由吴彦艳老师进行统稿。

　　由于作者的水平有限，书中难免出现不足和疏漏之处，欢迎读者批评指正。参考文献在书末列出，由于参考文献较为繁杂，对于没有列出的作者，这里一并表示感谢。

作　者

2018 年 12 月

目　　录

第1章 绪　　论

1.1　研究背景及意义

1.1.1　研究背景

随着以互联网为代表的现代信息技术的快速发展及普及，借助互联网技术加快各个行业的发展也成为重要趋势，"互联网+"的概念也应运而生，国内最早可以追溯到 2012 年 11 月易观第五届移动互联网博览会。2015 年的政府工作报告中首次提出了"互联网+"行动计划，并且国务院印发了《国务院关于积极推进"互联网+"行动的指导意见》，将"互联网+"行动计划上升为国家战略，推动互联网由消费领域向生产领域拓展，加速提升产业发展水平，提高各行业的创新能力和发展新动能。

"互联网+"是将互联网作为当前信息化发展的核心特征，并与商业、金融业等服务业的全面融合。"互联网+"本质上就是利用信息通信技术及互联网平台，充分发挥互联网在社会资源配置中的优化集成作用，实现互联网与传统行业的深度融合，提升全社会的创新力和生产力。在"互联网+"行动计划提出来之后，相关行业迅速开展了以互联网为基础平台的改造与创新，出现了一系列"互联网+"计划，包括"互联网+制造业""互联网+医疗""互联网+教育""互联网+农业"等。

农业作为我国重要的基础产业，关系到国计民生和社会稳定，是各级政府关注和支持的重点行业。但是由于我国农业存在人多地少，农地资源相对贫乏、分散，农业生产经营方式落后等很多不足，传统农业升级改造、农业产业结构升级面临着诸多困难。为了加快现代农业发展，促进传统农业改造升级，农业也成为"互联网+"行动计划的核心领域之一。

2016 年中央一号文件指出，大力推进"互联网+"现代农业，应用物联网、云计算、大数据、移动互联等现代信息技术，推动农业全产业链改造升级，再次强调和肯定了"互联网+农业"战略的重要性，以及现代农业发展对信息技术的依赖性。"互联网+"能够使农业依托互联网信息技术和通信平台，摆脱传统农业中消息闭塞、流通受限、农民分散经营、服务体系滞后等难点。"互联网+"代表着现代农业发展的新方向、新趋势，也为转变农业发展方式提供了新路径和新方法。

现代农业发展离不开良种服务、农资服务、农技服务、培训服务、信息服务、流通服务和保险服务等现代农业服务业的支持，这些服务业如果单纯地依靠传统的传播渠道来开展，已经远远不能满足现代农业的发展，以互联网为基础的现代信息技术为这些服务业提供了新的传播途径和服务渠道，特别是以电子商务平台为基础的农业电子商务的发展，为现代农业的发展提供了新的路径。

为了扎实推进农业电子商务快速健康发展，农业部、国家发展和改革委员会（以下简称国家发改委）、商务部 2015 年共同研究制订了《推进农业电子商务发展行动计划》，提出了发展农业电子商务的指导思想、基本原则、总体目标等，进一步推动"互联网+农业"行动计划的实施。我国的农业电子商务也得到了快速发展，据统计，2016 年我国农产品电子商务交易额突破了 2200亿元，农村地区互联网普及率达到 33.1%，农村快递网点发展到近 9.5 万个，乡镇网点覆盖率超过 70%，各类农产品电子商务园区 200 家（占各类电子商务园区的 12%）。农业部、财政部信息化进农村示范，2017 年扩大到 1/10 以上的县，预计到 2020 年基本覆盖所有县和行政村，农业电子商务的发展大大加快了我国现代农业的发展。

农业电子商务是农业市场化的重要组成部分，是现代农业服务业的重要内容。推进农业电子商务发展是"互联网+农业"的重要举措，是促进现代农业发展的重要途径。农业电子商务将产业链、价值链、供应链等现代管理理念融入农业生产经营，可以促进现代信息技术与传统农业全面深度融合，推动农业生产向以市场为导向，以消费者为中心转变，实现农业生产标准化、品牌化，优化农业生产布局和结构，发展高效、生态农业，实现农业发展方式的根本转变。

1.1.2 研究意义

我国是农业大国，农业生产经营不仅关系着人们的日常生活，更是关系到社会的稳定与发展。因此，加快农业产业结构升级，促进现代农业发展具有重要的战略意义。而现代农业服务业对于促进农业经济增长，加快传统农业向现代农业转型升级具有重要的作用，特别是以互联网为代表的现代信息技术服务业的发展给现代农业的发展提供了重要的技术支持。黑龙江省作为农业大省，农业机械化仍然是其农业生产的主要推动力，但是以农业信息、农业科技、农业信贷为代表的新型现代农业服务业对现代农业发展的作用越来越明显，特别是互联网成为农业增值、现代农业发展的重要途径。因此，借助以互联网为代表的高新技术的发展，加快现代农业服务业的发展对加快黑龙江省农业产业结构调整和升级具有重要的现实意义。

本书从现代农业发展需求的视角出发，深入分析研究农业服务业发展演化规律，并且结合黑龙江省农业经营主体的需求意愿，分析现代信息技术特别是互联网在改造传统农业服务业中的重要作用，探索在"互联网+"背景下，现代农业服务业促进黑龙江省现代农业发展的模式和路径选择，并且以农业电子商务发展为契机，深入分析黑龙江省农业电子商务发展策略，这对促进现代农业发展及黑龙江省农业电子商务发展具有重要的参考价值和理论意义。

1.2 文 献 综 述

1.2.1 国外研究现状及述评

国外相关研究主要集中于现代农业发展及与其相关的生产性服务业方面。其中关于现代农业的研究可以追溯到 1964 年美国经济学家西奥多·W. 舒尔茨（Theodore W. Schultz）在其著作《改造传统农业》中提出的引进新的生产要素和技术来改造传统农业，促进农业增长，传统农业转变为现代农业的关键是促进技术进步。20 世纪 70 年代，日本经济学家速水佑次郎（Yujiro Hayami）和美国农业经济学家弗农·W. 拉坦（Vernon W. Ruttan）共同提出了诱导的技术与制度发展模型，指出一国农业增长选择何种技术路径取决于该国拥有的资源禀赋状况。

国外关于生产性服务业（producer services）的研究较多（Daniels and Thrift，1986； Coffey and Polèse，1989），这些研究多侧重于生产性服务业对工业生产的影响，与农业相关的研究较少。但是，具体服务业与农业发展之间关系的研究较多，主要集中在如下几个方面。

第一，现代高新技术对农业发展的影响。该方面的研究最多，Gao 和 Reynolds（1994）研究了美国东南部地区的农业生产，发现技术进步一直是农业生产的重要决定因素。Alexandre（1996）研究了欧洲远距离传感技术在农业监控中的应用，认为该技术的应用有利于降低农业生产成本，提高消费者的满意度。Baker（2008）通过结构模型研究发现，技术溢出效应对农业生产转型升级具有重要作用。Fare 等（2008）研究了美国 1910～1990 年研发经费投入对农业生产的影响后发现，研发经费投入对农业生产率的提升有着正面的影响。David 等（2000）研究了相关文献后认为，公共农业科研投入和私人科研投入呈现互补关系。Pradhan 等（2013）、Chhipa（2016）认为在育种、施肥、除虫害等方面使用纳米技术改造传统农业，可以促进农业的可持续发展。

第二，金融保险对农业发展的影响。Sagar 和 Singla（2013）研究了农业生产中的风险管理问题，认为农业保险可以有效地处理农业生产中的风险问题。Garrido 和 Zilberman（2007）实证分析了西班牙农业保险需求，结果表明保费补贴是增加农业保险使用概率的主导因素。Turvey 等（1999）认为农业生产者购买农业保险存在道德风险，会降低农业保险的效用。因此，关于农业保险是否能促进农业增长，研究人员还存在一定的分歧。

第三，其他服务业对农业发展的影响。如 Zakaria 和 Nagata（2010）研究发现，日本农业生产的成功和可持续性与农业中介机构积极提供农业知识信息有紧密关系。Oppermann（1995）认为借助现代服务业的发展，农业旅游业成为投资的重要领域。此外，国外相关文献还关注了信息技术、网络技术等在精准农业（precision agriculture）、生态农业（organic/ecological agriculture）等新型现代农业发展中的作用。

综合而言，国外文献更多关注现代服务业特别是现代科技应用对农业发展的促进作用，以及某一具体服务业对传统农业的改造和影响，较少研究现代农业服务业本身的发展模式和机制问题，以及现代农业发展对服务业的需求。

1.2.2 国内研究现状及述评

国内关于农业服务业的研究一般从传统农业服务业和现代农业服务业的角度加以区分，其中关于现代农业服务业的研究主要集中于以下几个方面。

1. 关于现代农业服务业的概念界定

通过对中国知网的文献检索发现，国内学者在研究现代服务业与现代农业间关系时的表述比较杂乱，包括农业服务业、现代农业服务业、现代服务业和农业现代服务业等。

农业服务业服务于农业再生产，兼顾农村经济社会发展和农民生活改善，一方面，包括第一产业中的农、林、牧、渔服务业，另一方面，还包括农村地区的第三产业，如交通运输、仓储和邮政业、信息传输、计算机服务和软件业、金融业、科学研究和技术服务业等（郝希亮，2008）。一般来说，前者被认为是传统农业服务业，后者被认为是现代农业服务业，主要是为现代农业生产提供产前、产中、产后服务，一般是在传统农业服务业基础上发展起来的，是与市场机制、高新技术和信息平台相适应的新型农业服务业（李铜山，2003），是现代农业的重要组成部分。

现代服务业具有高技术性、知识性、新兴性、网络化、阶段性等特征，是第三产业的延伸和发展，大力发展现代服务业也是推进产业集聚的重要措施（霍秀珍和李豫新，2008）。农业现代服务业本质上是现代服务业，但服务的对象是农业，可以界定为那些依靠现代高新技术和现代管理方法，以及现代经营方式和组织方式组织起来的，主要为农业生产者提供包含生产性和消费性服务的产业部门（潘锦云和李晏墅，2009）。

因此，现代农业服务业强调利用新技术、新方法来改造传统的农业服务业；农业现代服务业则更强调现代服务业在农业生产中的应用，对改造传统农业的意义。但是两者本质上都是强调服务业对农业发展的辅助作用，以及通过创新服务方式，加快传统农业向现代农业的跨越。由于研究对象是和农业密切相关的服务行业，并且是通过技术创新、制度创新、管理方式创新等方法改造传统农业服务业，以加快传统农业向现代农业的升级，本书认为现代农业服务业更符合我国的国情，强调农业服务业的升级对现代农业发展的重要意义。

2. 现代农业服务业的研究视角

现代农业服务业不仅是现代农业的重要内容，而且是建设现代农业的一个重要切入点（刘立仁，2005），是实现农业现代化、发展现代农业的重要途径。国内现代农业服务业相关研究的着眼点主要包括以下几个方面。

首先，从传统农业服务业转型升级来看，现代农业服务业发展的重点领域主要包括现代农产品营销体系、农产品加工贸易体系、农业和农村经济信息体系、农业技术服务体系、农产品质量安全保障体系及农村公共设施体系等六个方面（李铜山，2003）。这种划分的方法虽然能够涵盖现代农业发展的各个环节，但是每个体系都是一个复杂的系统，各体系之间相互重叠，在实践操作中难度较大。

其次，从农业服务业的具体行业来看，现代农业服务业发展重点还可以划分为良种服务、农资连锁经营、农产品现代流通、新型农技服务、农机跨区作业、农村劳动力转移培训和中介服务、现代农业信息、农业观光及农业保险等九个方面（刘立仁，2005）。这种划分方法遵循了农业生产规律，突出了农业生产中的重点环节及农业价值链增值环节，为农业现代化发展提供了突破点，并且具有实践操作性。因此，本书认为这种划分方法更合理。

最后，从服务业的性质来看，现代农业服务业的研究可以从农业社会化服务业和农业生产性服务业展开。前者强调农业服务业的社会性、公益性，后者强调农业服务业为农业生产服务的特性。黄佩民等（1996）最早提出农业社会化服务业，王钊等（2015）、李俏和张波（2011）、李荣耀（2015）研究了农业社会化服务的需求。关于农业生产性服务业的研究较多，其中，韩坚和尹国俊（2006）指出农业生产性服务业的服务对象是农业生产过程中不包括最终消费者的商务组织和管理机构，属于中间投入服务，反映农业生产的社会化程度和专业化程度。目前国内研究多从此视角进行,特别是关于农业生产性服务业的研究更多。但是这两种研究视角的落脚点都是为农业提供服务的行业本身,因此本质上没有区别。

综合而言,不论研究视角如何,现代农业服务业的目标都是促进农业现代化的发展,加快传统农业向现代农业的转型升级。

3. 现代农业服务业与农业的关系

首先,现代农业服务业与农业之间的耦合关系。相关研究发现,农业的发展与服务业现代化具有紧密的联系。潘锦云等(2011)、胡亦琴和王洪远(2014)、景守武等(2015)从产业耦合的角度,实证分析了我国现代农业服务业与农业之间存在中度耦合的关系,处于发展阶段初期,尚未完全形成耦合的一体化竞争力,因此耦合的规模经济效应不明显,但是现代农业服务业对农业发展的溢出效应明显。以农业生产机械化应用为代表的传统农业服务业仍然是我国农业发展的主要推动力,而以农业贷款、农业保险等为代表的现代农业服务业作用显著,以农业信息、农业科学技术为代表的新型现代农业服务业作用不显著(潘锦云等,2011)。蔡悦灵和吴功亮(2016)专门定量分析了农业信息化与农业现代化的耦合发展情况,发现我国大部分地区农业信息化与农业现代化发展不协调,存在轻度失调或濒临失调的状态。因此,农业信息、农业科技等新型现代农业服务业在农业现代化发展中尚未发挥重要作用,具有较大的上升空间。

其次,现代农业服务业与农业之间的关联性。一些学者从农业生产性服务业的角度论述了现代农业服务业与农业发展之间的关系。李启平(2008)、汪建丰和刘俊威(2011)基于投入产出表实证分析了我国农业生产性服务业与农业发展之间的关联性,发现我国农业对生产性服务业内部各行业的需求不同,其中对商业服务业、金融业的需求增长较快,而对交通运输、仓储和邮政业的需求下降。从完全消耗系数看,农业与交通运输、仓储和邮政业,批发和零售业,餐饮和住宿业及金融业的经济技术联系较为紧密,而与科学研究和技术服务业,信息传输、计算机服务和软件业等的经济技术联系较为薄弱,说明现代农业服务业是加快农业现代化发展的重要力量。郝爱民(2011)通过省级面板数据研究发现农业生产性服务业对农业产业结构调整、农民增收、农业效率提升具有重要作用，并且，农业生产性服务业内部各行业影响显著性不同。同时，韩坚和尹国俊（2006）、陈凯和刘煜寒（2014）从投入产出角度对比了中外农业生产性服务业与农业的关系发现，我国农业生产性服务业存在投入不足的问题。

最后，现代农业服务业对促进农业增长的研究。刘立仁（2005）、周启红等（2010）认为，有别于传统农业的现代农业的发展必须要借助于农业服务业的发展，农业服务业对发展现代农业具有十分重要的理论价值和实践意义。潘锦云等（2011）实证研究了现代农业服务业对发展现代农业具有较强的显著影响，对促进农业增长方式转变作用较大。姜长云（2011）通过实践调研发现农业生产性服务业是发展现代农业、转变农业发展方式的重要引擎。

综合而言，现代农业服务业对促进农业增长、发展现代农业具有重要意义，其中，农业机械化仍然是我国农业发展的主要推动力，以农业信息、农业科技为代表的新型现代农业服务业对农业发展的作用还不显著，但是农业发展对现代农业服务业表现出了较强的需求，现代农业服务业成为促进传统农业向现代农业升级改造的重要推动力。

4. 现代农业服务业发展模式和路径选择

肖卫东和杜志雄（2012）基于河南省的实践调查提出政府主导、专业合作社引领、龙头企业拉动、市场带动和新型农业服务组织，以及传统服务组织创新等五种农业生产性服务业发展模式。曾维维（2013）以生鲜农产品为例，提出农业与现代农业服务业的融合发展模式。张振刚等（2011）以广东农业专业镇为例，分析农业生产性服务业的三种模式，并提出了构建一体化现代农业产业链及强化新技术体系建设等建议。

潘锦云和李晏墅（2009）从产业和谐发展角度提出，以工促农是现代农业服务业发展的产业路径选择，并且通过优先发展战略体现现代农业服务业的层次性。此外，还从制度安排角度提出，现代农业服务业应坚持市场自发、产业耦合和技术共享等原则，从而有产业路径、市场路径和技术路径的选择。胡亦琴和王洪远（2014）从产业耦合角度指出，现代农业服务业与农业融合发展，延长、拓宽农业产业链，是实现农业现代化的重要路径。

除此之外，还有学者以某一地区为例进行研究，如徐全忠（2013）研究了内蒙古现代农业服务业的发展，肖建中和雷涛（2012）分析了浙江欠发达地区现代农业服务业的发展，刘晓春（2014）分析了唐山市现代农业科技服务业的发展。但是相关研究比较简单，没有深入分析当地具体的农业经营主体需求及现代农业服务业的发展现状。

整体而言，国内关于现代农业服务业的研究主要集中于现代农业服务业与农业的关系，以及现代农业服务业对农业发展的促进作用上，没有深入分析现代农业服务业自身的演变、发展、升级机理，以及现代农业服务业内部结构的变化及构成。在研究视角方面，没有突出农业经营主体的需求意愿，以及现代信息技术对传统农业服务业的改造和影响。此外，在区域研究方面，相关研究较为缺乏，不能反映出地区间的差异和特性。

1.2.3　国内外研究述评

现代农业服务业对促进农业发展及农业增长具有重要的作用。国外研究更加强调技术特别是现代科学技术对农业发展的重要性；国内研究更侧重于从宏观上分析现代农业服务业与农业发展之间的关系及现代农业服务业的发展模式。但是，现有研究均缺乏对现代农业服务业自身的演变、发展、升级机理的系统研究，以及对现代农业服务业内部结构变化的深入分析；研究视角没有突出农业经营主体的需求意愿，没有突出对以互联网为代表的现代信息技术服务业对农业发展的影响。因此，今后的研究可以从这几个方面来展开。此外，我国农业区域发展不平衡，各地农业生产的资源禀赋不尽相同，对现代农业服务业的需求具有明显的地域性差异，因此，还可以从某一区域农业发展的实际出发来展开研究。

1.3　主要研究内容及方法

1. 研究的基本思路

本书整体按照理论研究—问题分析—路径选择和制度安排—政策建议—

具体策略分析的思路来展开，具体包括以下几个方面。

首先，以产业升级、产业融合等理论为依据分析农业服务业与现代农业之间的关系，梳理现代农业服务业自身的发展规律，构成本书研究的理论基础。

其次，以农业经营主体对现代农业服务业的需求为突破口，分析黑龙江省现代农业服务业的发展现状及存在的问题，通过深入调研的方法获得第一手的现代农业服务业资料，为探索切实可行的发展模式和路径提供实践基础。

再次，从产业发展、制度安排等角度分析黑龙江省现代农业服务业的路径选择，包括技术发展路径、市场发展路径和制度优化路径。

最后，农业的生产和经营特性决定了其发展离不开政府的参与，因此，在借鉴发达国家现代农业服务业发展经验的基础上，制定黑龙江省现代农业服务业分层发展框架，并具体制定农业电子商务发展策略。

2. 基本观点

一是现代农业服务业对传统农业的升级改造及现代农业的发展具有显著的影响和重要作用。

二是现代农业服务业内部对现代农业发展的影响程度不同，以农业信息、农业科技为代表的新型现代农业服务业必然会成为现代农业发展的重要推动力。

三是不同农业经营主体对现代农业服务业的需求不同，同时影响现代农业服务业发挥作用的因素包括土地联产承包责任制、农业组织化程度、市场机制、政策引导等多方面，因各因素的影响程度不同，解决对策也不尽相同。

四是以"互联网+"为代表的现代新型服务业对促进现代农业服务业跨越发展，加快现代农业发展具有重要作用。

3. 主要研究方法

首先，采用文献研究方法，通过文献分析和理论分析，研究现代农业服务业的发展机理及路径，特别是现代农业服务业内部结构及其对现代农业发展的影响。

其次，采用实地调研方式，深入了解黑龙江省农业经营主体对现代农业服务业的需求意愿，以及抑制和阻碍需求的影响因素，找到现代农业服务业的市场需求障碍。

最后，调研和理论分析相结合，详细分析黑龙江省现代农业服务业发展现状及存在的主要问题，找到影响黑龙江省现代农业服务业发展的症结所在，为制定适宜的发展策略奠定基础。

第2章 现代农业服务业理论基础

2.1 现代农业服务业基本理论

2.1.1 现代农业服务业内涵

1. 现代服务业

服务业的概念最早源于西方"第三产业"这个概念，早在 17 世纪末威廉·配第（William Petty）就阐述了有关第三产业的一些内容。此后，萨伊（Say）、西斯蒙第（Sismondi）、李斯特（List）及马克思等都从不同的角度阐述过第三产业，并在不同程度上揭示了第三产业经济范畴所涉及的经济规律。近几十年第三产业及相关理论得到快速发展和完善。从 1935 年英国经济学家埃伦·费希尔（Allen Fisher）最早提出"第三产业"的概念到 1957 年克拉克（Clark）把第三产业称作"服务性产业"，提出了"克拉克定律"，西方关于第三产业的理论体系初步建成。第二次世界大战后，商品经济的繁荣促使第三产业理论随实践的发展得到进一步深化和发展，第三产业的理论内容和重要性得到了广泛的认可，现代服务业大体相当于现代第三产业。

我国的"现代服务业"最早在 1997 年 9 月党的十五大报告中提出，2000 年中央经济工作会议又提出，既要改造和提高传统服务业，又要发展旅游、信息、会计、咨询、法律服务等新兴服务业。2012 年 2 月 22 日，国家科学技术部发布的第 70 号文件指出，现代服务业是指以现代科学技术特别是信息网络技术为主要支撑，建立在新的商业模式、服务方式和管理方法基础上的服务产业。现代服务业有别于批发和零售业，餐饮和住宿业，交通运输、仓储和邮政业等传统服务业，以金融业，信息传输、计算机服务和软件业，租赁和商务服务业，科学研究和技术服务业，文化、体育和娱乐业等为代表。社会进步、经济发展、社会分工的专业化、信息技术的广泛使用等促进了现代服务业的发展，现代服务业既包括新兴服务业，也包括对传统服务业的技术改造和升级，其本质是实现服务业的现代化。

2. 农业服务业

关于农业服务业的含义，目前尚没有明确统一的定义。目前研究多以列举式的介绍居多，介绍内容包括两个方面：一是第一产业的农、林、牧、渔服务业；二是为农业生产和农民生活服务的第三产业，包括交通运输、仓储和邮政业，信息传输、计算机服务和软件业，批发和零售业，金融业，租赁和商务服务业等。概括来说农业服务业有别于一般服务业，是向农业生产者提供信息与技术服务、政策咨询服务、金融服务、市场整合营销服务，以及农资、农机、供销、气象、加工、水利、收割等专业服务的服务业。或者说，农业服务业是专指为农业生产各个环节提供服务的行业，包括良种、农资、农技、信息、流通、金融、保险等多方面服务。应该说，农业服务业是在服务中形成的专门为第一产业提供服务的产业；从隶属服务对象看，属于农业中的第三产业。

3. 现代农业服务业

2005 年刘立仁首次提出"农业现代服务业"的概念。而后，学者们对现代农业服务业的内涵界定存在较大的分歧。有人反对使用"农业现代服务业"，更多的是主张使用"现代农业服务业"，二者的区别是视角和重点不同。农业现代服务业的研究视角和本质是现代服务业，服务对象是传统农业，强调用现代服务业改造传统农业；而现代农业服务业强调在现代农业条件下，如何促进农业服务业完成向现代农业服务业的改造和发展。

本书关于现代农业服务业的内涵界定立足第二个观点，概括来说即现代农业服务业是在传统农业服务业基础上，引入现代化技术，满足现代农业发展需要，为现代农业生产提供产前、产中、产后服务的行业。现代农业服务业是完成农业服务业经营业态和服务方式的改造，实现创造需求、引导消费，向社会提供高附加值、高层次、知识型、专业化、信息化、市场化的生产服务和生活服务的服务业。

2.1.2　现代农业服务业特征

现代农业服务业是在传统农业服务业基础上发展起来的，与传统农业服务业相比，现代农业服务业具有服务体系逐渐走向多成分、多渠道、多形式和多层次，服务手段逐步走向高新技术化和信息化，运作主体逐步走向多元化、专业化和社会化，运作机制逐步走向市场化和有偿化等特点。

1. 劳动者的高知识或者高专业化

传统农业服务业从业人员一般都是本地农民或者本地居民，提供的是非专业化的、技能含量较低的农业服务。而现代农业服务业中的劳动者高知识或者高专业化，是指专门从事现代农业服务业的人一定要具备现代化水平的文化知识和专业技能。劳动者是生产力构成中最具基础作用、最有活力的因素。在现代农业服务过程中，任何先进的技术、先进的工具都是靠人去摸索和创造；先进的服务形态、先进的经营体制、先进的运行机制等都是靠人去总结和应用；先进的管理理念都是靠人去推广。无论是方式的转变还是效率效益的提高，都是在人的主观能动作用下得以实现的，离开人，现代化是不复存在的。从这个意义上说，要实现农业服务的现代化必须是以人为本的现代化，必须提高劳动者的文化知识和技能水平，这也是提高现代农业服务水平的可靠保证。

2. 服务模式专业化和市场化

传统农业服务业容易形成基于特权形式的垄断模式，主导市场资源的配置，忽视服务专业化的建设，降低了服务水平，最终影响农业现代化的发展。现代农业服务业是靠服务的质量、服务专业化程度和服务的效率获得竞争优势，从而主导市场最终的资源配置，提高市场化程度。因此，现代农业服务业必然表现为服务的高度专业化和市场化。

3. 外包比重增加

现代农业发展中要求深化农业生产过程，其中，农业生产的专业化和规模化促进了外包比重增加。农业生产过程中包括许多不同环节，每一个环节都需要参与者利用自身的技能、知识或经验完成相应的环节。传统农业生产过程中几乎是同一个参与者同时承担多个环节活动，致使劳动成果质量不佳、效率低下。深化专业化分工是社会经济发展的必然结果，也是现代农业服务业发展的必然结果。

存在于传统农业生产经营内部的必要职能和功能，随着农业产业规模的扩大，具有了规模化的要求，逐渐从内部走向外部，从而形成新兴的服务方式——农业服务外包。农业服务外包通过规模化的服务可以有效地提高农业生产经营的专业化服务水平，提高从事农业外包服务企业的经济效益，同时降低获得农业外包服务的服务成本。

4. 农业服务集群化

农业服务集群化发展是现代农业服务业发展的一个新趋势。农业服务集群化是指农业产业中的各个组成部分，彼此相互关联，但经营上独立自主，专业分工明确，有着一种相对稳定的非合约式的关系，这些服务提供者在地理位置上相对集中，从而形成集群化的服务组织。现代农业发展的必然结果是农业产业完成专业化分工。承担专业分工职能的服务提供者必须按农业生产活动的特点适时地提供所需的专业服务，才能保证农业生产有序、有效地进行下去。因此，农业服务提供者的集群化更能有效地提供现代农业发展所需的服务。

5. 服务方式信息化

信息化与农业服务业的融合是现代农业服务业的核心内涵。现代农业服务业是随着现代信息技术发展而发展起来的，信息技术是发展的动力。现代农业服务业和传统农业服务业的主要区别就是信息技术的应用程度。随着信息技术的不断发展和普及，现代农业服务业经历了从以硬件设备为主转向以软件服务为主的过程，目前正向服务应用的阶段发展。现代农业服务业服务模式也在不断创新，推动了农业服务业的迅速发展和升级。

6. 完善的农技服务推广体系

农技服务推广体系是保障农业生产、科研、教育与推广的有效衔接，促进农业科技成果转化为现实生产力，推进现代农业发展的根本保证。传统农业服务中的农技推广方式几乎都是面对面的服务，由农技人员现场集中式讲解培训。这种农技服务方式效率低、成本高，无法实现实时性。借助互联网、智能手机构建的农技服务推广体系可以低成本、高效率、实时地提供农技推广服务。

2.1.3 现代农业服务业与现代农业发展的关系

1. 现代农业发展离不开现代农业服务业的支持

传统农业生产技术落后，效率低下，受自然环境影响较大。农民普遍的生产特点是"靠天吃饭"。农业生产中农民以多生产、多储备、增加产量为生产目标。所以，传统农业实现增产增收的唯一方式是增加农业生产要素的投入。随着信息技术和知识经济的快速发展，信息技术和知识经济在商业、制造、管理等领域内广泛应用，改变了传统的生产管理模式，提升了行业效率。信息技术和知识经济对社会经济生活的冲击极大地影响了传统农业的生产方式，影响了传统农业服务业的业态模式。

进入到信息时代，现代农业的经营目标已从增加农业生产要素，实现产量最大化，转向农业生产要素投入一定的条件下实现农业生产的利润最大化。现代农业生产经营也需像现代企业一样，用科学的理念、现代化的信息技术、先进的管理经验，实现农业生产要素资源的配置最佳化、利用率最大化，最终实现现代农业生产的目的。因此，现代农业是广泛应用现代科学技术、现代工业提供的生产资料和科学管理方法的社会化农业，在这一过程中离不开以现代科学技术、现代管理方法、现代服务模式为代表的现代农业服务业的支持。

2. 现代农业服务业是现代农业发展的必然产物

现代农业服务业是衡量一个国家农业现代化水平的重要标志，是现代农业发展到一定阶段的必然产物。现代农业发展本质来自科技的发展普及和现代农业领域社会分工的深化。2009 年中央一号文件《中共中央　国务院关于 2009 年促进农业稳定发展农民持续增收的若干意见》中多次用到"服务"一词，尤其是对农机服务、金融服务、物质服务、农技推广服务、农机销售及售后服务、农业公共服务、土地流转服务、中介服务、农业公共文化服务、农业公共卫生服务、建设农村综合服务中心等内容作出了比较明确而详细的规定，为现代农业服务业的发展指明了方向。可见，现代农业服务业作为现代农业的重要内容，不仅在推动现代农业发展中担当着重要的角色，而且是建设现代农业的一个重要切入点。

3. 现代农业服务业是推动现代农业发展的必由之路

我国现代农业发展中最突出的矛盾是分散的农业生产经营模式与规模化、专业化农业生产之间的矛盾，同时，农业从业人员普遍素质较低，无法有效地完成农业现代化进程。因此，专业化、规模化、信息化、智能化的现代农业服务业成为推动我国现代农业发展必不可少的动力。借助专业的现代农业服务业可以有效地解决当前我国面临的农业生产分散、组织化程度低、农业生产市场化不足等问题。因此，现代农业服务业的发展是推动现代农业发展的必由之路。

综合而言，现代农业的发展需要现代农业服务业的有力支持，同时现代农业服务业的发展能够有效地促进农业产业结构的调整和升级，推动农业现代化进程，促进现代农业的发展。

2.2　现代农业服务业的发展演进

为了满足现代农业的发展需要，伴随着市场经济的发展，信息技术应用领域的扩大，现代农业服务业逐步产生和发展起来。随着现代农业发展阶段的不同，现代农业服务业的发展也会呈现不同的发展重心。考量现代农业服务业的发展演化，一定不能脱离我国现代农业发展和我国信息化发展的历史，以及每个阶段国家的农业发展政策。

2.2.1　现代农业的发展演进

一般对农业发展阶段划分常用的是，将农业发展简单地分为原始农业阶段、传统农业阶段和现代农业阶段。在原始农业和典型的传统农业条件下，它们基本上不需要农业服务业，更谈不上对现代农业服务业的需求。根本原因是这两种农业是内循环的封闭系统，不需要外部要素的投入。因此，现代农业服务业是伴随着现代农业的产生、发展而发展的。速水佑次郎按农业发展的阶段性目标将农业分为三个阶段：①以增加生产和市场粮食供给为特征的发展阶段，主要目标是提高农产品产量；②以着重解决农村贫困为特征的发展阶段，主要目标是通过农产品价格支持政策提高农民的收入水平；③以调整和优化农业结构为特征的发展阶段，主要目标是农业结构调整。

农业现代化是实现现代农业的重要手段，我国从 1949 年就开始探索农业现代化发展问题。2012 年 1 月国务院发布实施《国务院关于印发全国现代农业发展规划（2011—2015 年）的通知》，这是自中华人民共和国成立以来由国务院发布的首个指导现代农业发展的重大专项规划。该规划将粮食综合生产能力、农村居民人均纯收入、农业产业结构、农业科技进步贡献率、农作物耕种收综合机械化水平等代表现代农业发展水平的指标进行了量化规定。按该规定的量化指标可以将我国现代农业的发展分为四个阶段。

第一个阶段是经济复苏阶段，主要特征是农村土地制度和农业合作化制度的变革。这一阶段农业生产条件得到一定的发展，大量的资金投入到水利设施的建设中。第二个阶段是高速起步阶段，农业开展多种经营，生产力水平大幅提高。尽管此期间农业机械化得以发展，但是绝大部分农民还是采用以人力、畜力为主的生产经营方式，农业机械化程度较低。第三个阶段是上升阶段，主要发展内容是流通体制改革、农业产业结构调整、种植结构优化。尽管农业产值有了较大的提升，优质农产品品种发生了较大的调整，质和量得到了全面的发展，在此期间农业生产条件并没有明显的改善，农业发展后劲不足，严重制约了现代农业的发展。从 2000 年至今是第四个阶段——全面发展阶段。2002 年中国共产党第十六次全国代表大会确立了全面发展现代农业的指导思想，提出了"'三农'问题"是全党全国工作的重点。

2.2.2　农业信息化的发展

我国信息化建设起步可以追溯到 20 世纪 80 年代，从国家大力推进信息技术应用至今，共经历了四个阶段。

（1）1993 年以前是准备阶段。

（2）1993～1997 年是启动阶段。我国信息化正式起步于 1993 年，先后启动了金卡、金桥、金关等重大信息化工程，拉开了国民经济信息化的序幕。

（3）1997～2000 年是我国信息化建设的展开阶段。这一阶段国家信息化领导小组明确了信息化的内涵，提出了我国信息化建设的"24 字"指导方针。此阶段，我国信息化建设完成了电信体制改革，为互联网的发展奠定了制度基础，制定了信息产业发展的相关政策，提高了工业、商业发展信息化的关注度。

（4）2000 年至今是我国信息化的快速发展阶段。我国经济发展基础薄弱，以信息化带动工业化、发挥后发优势是我国国民经济和社会信息化发展的重点。在我国信息化建设全面展开的过程中，物流、电子商务、金融电子化等的飞速发展带动并促进了农业现代化的快速发展。

2.2.3　现代农业发展的国家政策

从 1982 年 1 月至 1986 年 1 月我国政府连续 5 年在当年 1 月发布以"农业、农村和农民"为主题的第一个中央文件，对农村改革和农业发展作出具体部署。2003 年 12 月发布的 2004 年中央一号文件《中共中央国务院关于促进农民增加收入若干政策的意见》，使中央一号文件再次回归农业。自此 2004～2017 年连续 14 年的中央一号文件针对现代农业发展的粮食安全、农民收入、农业基础设施建设、科技创新、产业结构调整、城乡统筹等问题进行了明确的政策安排，表明了国家对现代农业发展支持的信心和决心。表 2-1 回顾了我国 1982～2017 年涉及农业的中央一号文件的主要内容。

表 2-1　1982～2017 年涉及农业的中央一号文件及主要内容

时间	标题	主要政策内容
1982 年	《全国农村工作会议纪要》	指出包产到户、包干到户或大包干"都是社会主义生产责任制"，同时还说明这种生产责任制"不同于合作化以前的小私有的个体经济，而是社会主义农业经济的组成部分"
1983 年	《当前农村经济政策的若干问题》	从理论上说明了家庭联产承包责任制"是在党的领导下中国农民的伟大创造，是马克思主义农业合作化理论在我国实践中的新发展"
1984 年	《关于一九八四年农村工作的通知》	强调要继续稳定和完善家庭联产承包责任制，规定土地承包期一般应在 15 年以上，生产周期长的和开发性的项目，承包期应当更长一些
1985 年	《关于进一步活跃农村经济的十项政策》	取消了 30 年来农副产品统购派购的制度，对粮、棉等少数重要产品采取国家计划合同收购的新政策
1986 年	《关于 1986 年农村工作的部署》	肯定了农村改革的方针政策是正确的，必须继续贯彻执行
2004 年	《中共中央国务院关于促进农民增加收入若干政策的意见》	集中力量支持粮食主产区发展粮食产业，促进种粮农民增收入；发展农村第二、第三产业，拓宽农民增收渠道；改善农民进城就业环境，增加外出务工收入；发挥市场机制作用，搞活农产品流通；加强农村基础设施建设，为农民增收创造条件等

续表

时间	标题	主要政策内容
2005 年	《中共中央　国务院关于进一步加强农村工作提高农业综合生产能力若干政策的意见》	继续加大"两减免、三补贴"等政策实施力度；切实加强对粮食主产区的支持；建立稳定增长的支农资金渠道；坚决实行最严格的耕地保护制度，切实提高耕地质量；加强农田水利和生态建设，提高农业抗御自然灾害的能力；加快农业科技创新，提高农业科技含量等
2006 年	《中共中央　国务院关于推进社会主义新农村建设的若干意见》	推进现代农业建设，强化社会主义新农村建设的产业支撑；加强农村现代流通体系建设；稳定、完善、强化对农业和农民的直接补贴政策；加强农村基础设施建设等
2007 年	《中共中央　国务院关于积极发展现代农业扎实推进社会主义新农村建设的若干意见》	健全农业支持补贴制度；鼓励农民和社会力量投资现代农业；加快发展农村清洁能源；推进农业科技进村入户；积极发展农业机械化；加快农业信息化建设；发展健康养殖业；大力发展特色农业等
2008 年	《中共中央　国务院关于切实加强农业基础建设进一步促进农业发展农民增收的若干意见》	巩固、完善、强化强农惠农政策；切实抓好"菜篮子"产品生产；着力强化农业科技和服务体系基本支撑；逐步提高农村基本公共服务水平；建立健全农村社会保障体系等
2009 年	《中共中央　国务院关于2009 年促进农业稳定发展农民持续增收的若干意见》	较大幅度增加农业补贴；保持农产品价格合理水平；增强农村金融服务能力；支持优势产区集中发展油料等经济作物生产；加强农产品进出口调控；加强农产品市场体系建设等
2010 年	《中共中央　国务院关于加大统筹城乡发展力度进一步夯实农业农村发展基础的若干意见》	完善农业补贴制度和市场调控机制；积极引导社会资源投向农业农村；推进菜篮子产品标准化生产；加强农村水电路气房建设；积极推进林业改革；提高农业对外开放水平等
2011 年	《中共中央　国务院关于加快水利改革发展的决定》	大兴农田水利建设；搞好水土保持和水生态保护；合理开发水能资源；加大公共财政对水利的投入；加强对水利建设的金融支持；广泛吸引社会资金投资水利等
2012 年	《中共中央　国务院关于加快推进农业科技创新持续增强农产品供给保障能力的若干意见》	加大投入强度和工作力度，持续推动农业稳定发展；依靠科技创新驱动，引领支撑现代农业建设；提升农业技术推广能力，大力发展农业社会化服务；加强教育科技培训，全面造就新型农业农村人才队伍；改善设施装备条件，不断夯实农业发展物质基础；提高市场流通效率，切实保障农产品稳定均衡供给等
2013 年	《中共中央　国务院关于加快发展现代农业进一步增强农村发展活力的若干意见》	加大农村改革力度、政策扶持力度、科技驱动力度，围绕现代农业建设，充分发挥农村基本经营制度的优越性，着力构建集约化、专业化、组织化、社会化相结合的新型农业经营体系，进一步解放和发展农村社会生产力，巩固和发展农业农村大好形势
2014 年	《中共中央　国务院关于全面深化农村改革加快推进农业现代化的若干意见》	完善国家粮食安全保障体系；强化农业支持保护制度；建立农业可持续发展长效机制；深化农村土地制度改革；构建新型农业经营体系；加快农村金融制度创新；健全城乡发展一体化体制机制；改善乡村治理机制
2015 年	《中共中央　国务院关于加大改革创新力度加快农业现代化建设的若干意见》	继续全面深化农村改革，全面推进农村法治建设，推动新型工业化、信息化、城镇化和农业现代化同步发展，努力在提高粮食生产能力上挖掘新潜力，在优化农业结构上开辟新途径，在转变农业发展方式上寻求新突破，在促进农民增收上获得新成效，在建设新农村上迈出新步伐，为经济社会持续健康发展提供有力支撑

时间	标题	主要政策内容
2016 年	《中共中央　国务院关于落实发展新理念加快农业现代化实现全面小康目标的若干意见》	持续夯实现代农业基础，提高农业质量效益和竞争力；加强资源保护和生态修复，推动农业绿色发展；推进农村产业融合，促进农民收入持续较快增长；推动城乡协调发展，提高新农村建设水平；深入推进农村改革，增强农村发展内生动力；加强和改善党对"三农"工作领导
2017 年	《中共中央　国务院关于深入推进农业供给侧结构性改革加快培育农业农村发展新动能的若干意见》	优化产品产业结构，着力推进农业提质增效；推行绿色生产方式，增强农业可持续发展能力；壮大新产业新业态，拓展农业产业链价值链；强化科技创新驱动，引领现代农业加快发展；补齐农业农村短板，夯实农村共享发展基础；加大农村改革力度，激活农业农村内生发展动力

从表 2-1 中可以发现农业发展方向的变化。1982～1986 年农业政策主要是围绕实施完善"家庭联产承包责任制"制定。2004～2006 年农业政策主要是提高农业生产能力和效率。2007～2011 年中央一号文件的农业政策开始倾向于提升农业经济中技术的应用和推广及建立完善相关的基础性工作。2012～2017 年连续 6 年的中央一号文件针对现代农业发展思路又做了重大调整。2012 年首次提出加快农业科技创新和推广、加强农业社会化服务。2013 年强调着力构建新型农业经营体系，解放和发展农村社会生产力。2014 年强调加快推进农业现代化发展，力争在体制机制创新上取得突破。2015 年强调转变农业发展方式是最重要的内容，首次提出要把以追求产量为主，转到数量、质量、效益并重上来，这对现代农业做了一个方向性界定。2016 年中央一号文件首次提到"发展新理念"、"农业供给侧结构性改革"、"农业绿色发展"和"产业融合作为农民收入持续较快增长手段"，这对解决"三农"新老问题，有序推动农业现代化，确保亿万农民迈入全面小康社会具有重要意义。2017 年中央一号文件把推进农业供给侧结构性改革作为主题，坚持问题导向，调整工作重心，从各方面谋划深入推进农业供给侧结构性改革，为"三农"发展注入新动力。

2.2.4　现代农业服务业的发展阶段

纵观我国现代农业发展不同阶段的重点发展方向和信息化发展历史不同阶段的发展任务，以及我国关于现代农业发展政策的部署，可以看出我国现代农业服务业的正式起步应该始于 2004 年，可分为四个阶段。

第一个阶段是 2004～2008 年的准备阶段。由于该阶段农业发展的主要内容是统筹城乡经济社会发展、建设现代农业、发展农村经济、增加农民收入、完善农业市场体系和制度、提高农业科技含量等，现代农业服务业发展的主要内容是加强流通渠道建设，完善现代农业的基础设施。

第二个阶段是 2009～2011 年的起步阶段。该阶段农业发展的重点是现代农业建设，完善农村基础设施，大力发展农业机械化，强化农业科技和服务体系等。为适应该阶段现代农业发展的需求，服务业必然也要开展现代化建设，发展基础服务。特别是 2009 年的中央一号文件对农机服务、金融服务、物质服务、农技推广服务、农业公共服务、中介服务、农业公共文化服务、建设农村综合服务中心等内容作出了比较明确而详细的规定，为现代农业服务业的发展指明了方向。

第三个阶段是 2012～2013 年的发展阶段。从该阶段农业政策方向可以看出，国家已经明确地将推进农业科技创新作为工作重点。此阶段服务业的工作重点是建立农村人才培养体系，建立科技下乡服务体系，引领农民科学种植等。

第四个阶段是从 2014 年至今的全面上升阶段。这期间每年中央一号文件标题的核心词都是"现代农业"，强调要转变农业发展方式，新的现代农业发展理念、发展思路、名称都首次出现在中央一号文件中。农业政策的指导文件引领着现代农业服务业的全面发展，农村金融、农业和农产品电子商务、农业保险、农民合作社、服务外包、种业服务、科技下乡扶贫等重要的现代农业服务业经营方式如雨后春笋般在广大农村快速发展。

2.3 现代农业服务业的构成

现代农业服务业发展是为满足现代农业发展的需要，现代农业服务业的各组成部分必须改造经营形态，完善服务内容，提高服务质量和服务水平，建立健全其服务体系，各组成部分共同发展、相互促进，为现代农业发展提供坚实的基础。现代农业服务业的每个组成部分发挥着不同的作用，有着不同的内涵，一般包含以下七个方面的内容。

1. 规模化的农机服务业

农机服务业全称农业机械服务行业，简单说就是为农业生产提供机械化服务的业务总称，具体是指农机服务组织、农机户为其他农业生产者提供机耕、机播、机收、排灌、植保等各类农机作业服务，以及相关的农机维修、供应、中介、租赁等有偿服务的总称。现代农业发展必然是实现农业机械化，但对大多数农户来说，购买农机是不切实际的。一方面，农户家庭所有的耕地面积不够大；另一方面，北方耕地每年一般是一季种植。农户自己购买农机从事机械化耕种，无法实现规模化，导致耕种成本增加。因此，农机服务适合采取服务外包方式，一方面，可以满足耕种速度要求，扩大农村增收渠道；另一方面，农机外包服务可以更系统地提供专业化、高层次的农机服务。

2. 专业化的农资服务

生产企业或者农户从事商业经营，为广大农民提供粮食、畜禽、水产、苗木等农产品所需的优质的种子、种苗、化肥、农药等农业生产物资服务，保证农民用上放心农资。现代农业发展过程中农户不仅要通过商业经营获得农资商品，还要有更有效地使用农资商品的需求。因此，提供农资服务的企业或者专业从事农资服务的农户，在商业经营过程中要提供农资商品的同时，还要提供专业化的农资商品使用建议。

3. 高知识含量的农技服务

高知识含量的农技服务强调以农业科研院所、农业企业、农业专业性服务组织为主体，为广大农民提供高效实用的种养模式和技术。现代农业发展已经不是过去简单地靠农户世代的种植经验指导种植、养殖的农业生产模式，而是靠科学技术指导农业生产经营，是保质基础上的增产增效。2012 年中央一号文件《中共中央国务院关于加快推进农业科技创新持续增强农产品供给保障能力的若干意见》首次对农业科技进行全面部署，突出了农业科技在发展现代农业中的重要地位。因此，要建立满足现代农业发展需要的新型农技服务体系。该服务体系不仅要有高水平的科研团队、完备的技术服务渠道，还要有健全的服务机制。

4. 完善的信息服务体系

完善的信息服务体系主要是指为农户和农业经营者及时提供各项农业政策信息、市场行情及高效种养殖技术等信息服务的体系。农业政策信息是国家重要的信息资源，是广大农户了解信息的重要窗口，是农民致富的重要依据。在现代信息社会中，高科技的发展、农业信息网络的普及，对提高农民生活水平，促进农业现代化发展起着重要的作用。

5. 系统全面的培训服务

2012 年中央一号文件首次对农业科技进行全面部署的同时，特别强调了加强教育培训，全面打造新型农业农村人才队伍。"科学技术是第一生产力"，人是第一生产力的创造者和实施者，没有现代化知识的农民，没有农民获得知识的培训平台，就不可能实现现代化的农业。因此，加强农民系统、全面的教育培训，提高他们的文化水平，是实现农民收入增加的重要途径，也是实现农业现代化的前提条件。

6. 现代农业物流服务

农业物流主要包括农业生产物流和农产品物流，其中，农业生产物流是指为满足农民生活、生产所需的物流；农产品物流是指为实现以农产品销售为目的的物流。这里所指的现代农业物流是"大农业物流"概念，是指涵盖农业生产物流、农村物流和农产品物流，为适应现代农业发展需要，满足农民生产经营，维持生存生活需要，实现农产品保质、保量、保时的快速销售的物流。

7. 多渠道的金融服务

多渠道的金融服务是指提供金融服务的层次、手段实现立体多样化。多渠道的金融服务主要包括银行提供的农业资金支持、保险公司提供的减轻农民经济损失、增强应对灾害能力的保险服务。"三农"工作是政府工作的重中之重。加强金融对"三农"的支持，对强化粮食安全保障、建设现代农业、增加农民收入、缩小城乡差距，具有重要意义。可见，多渠道的金融服务对发展现代农业、支持农业经济同样起着重要作用。

除了以上七个方面，现代农业服务业还包括休闲服务、土地流转服务、中介服务等内容。现代农业服务业的每个环节、每个部分都有自己的发展思路，但是彼此之间又是相辅相成，需要协调发展、相互促进，共同推动现代农业的发展。

2.4　现代农业服务业与现代农业的协同发展

发展现代农业是传统农业升级改造的必然结果，是整个社会经济转型的重要组成部分。现代农业的发展势必会带动并改造农业服务业的服务方式、服务过程、服务手段和服务观念。现代农业服务业的发展能进一步促进现代农业的快速发展，是影响农业现代化的重要因素，对实现农业现代化有重要支撑作用。现代农业服务业和现代农业的协调发展，是世界各国现代农业发展的必然结果，是社会经济现代化的必然结果。

1. 思想观念创新

思想引领着思路的创新，"创新发展"已经成为自党的十八届五中全会以来国家发展全局的核心内容。信息技术的广泛应用对社会发展进程的影响前所未有。必须要突破原有的思想观念束缚，用创造性的思维方式看待信息技术与农业的协同发展，构建新型的发展模式和发展机制，适应现代化、信息化、网络化经济发展的需要。传统农业服务业向现代农业服务业的发展，必须要有敢于创新的思维方式，敢于创造性解决问题的方法，从而塑造全新的服务理念和服务形式，构建全新的现代农业服务模式。

2. 人才创新

人才是发展的核心要素，创造、发明、使用都要由人来完成。现代农业服务业和现代农业的协调发展需要的不是简单的从业人员。过去靠积累的经验从事种植、畜牧等农业活动已经无法满足现代农业保质保量、高效增产增收、低碳绿色环保的发展需要。现代农业需要的是"职业农民"——有知识、懂技术、会经营、善学习的全能型农民。从事农业服务业的从业人员，应该具备先进的服务理念，系统化、全面化的所属服务岗位的专业知识。管理者需要有大局观念、战略性眼光，引领规划本企业、本地区的发展。这一切都需要建立完备的人才培养和引进机制，留住人才、吸引人才，培养农业经济发展需要的专业人才。

3. 管理体制创新

政府引导和体制创新二者协同发展是发展现代农业服务业的政策保证。发展现代农业服务业和现代农业，势必要改变传统的服务模式、经营方式，改变传统农业结构和模式。升级改造过程中现代农业服务业会表现出与传统农业服务业不同的新特征、新服务结构、新流程和新模式，这一切都会受到已有的管理制度的束缚。因此，政府要适应市场发展的新需要，适时调整管理制度，提供宽松的发展环境。

4. 明确发展点

现代农业服务业覆盖范围广泛，涉及环节众多。每个地区的实际经济条件、农业环境、优势特长各不相同。现代农业服务业应该对接本地现代农业发展需求，找准二者的适合点，找准符合本地经济发展实际情况的融合点，采取优先扶持、优先发展的原则，以此起到示范效应，带动其他方面的协调发展。

5. 坚持推动科技创新

改革开放后，农村经济发展主要依靠体制改革和各种惠农政策的支持。进入信息时代，以大数据、云计算为主的全球新一轮科技革命和产业变革已经开启，并且已经成为各行各业发展的动力。新科技、新技术正加速向农业渗透，催生了全新的农业科学技术。"十三五"期间，我国农业科技创新所处的战略地位越来越重要，所面临的任务越来越繁重。因此，要持续坚持推动科技创新。各级政府要重视科技创新，确定科技发展方向，加大投入力度，制定科技创新扶持政策和制度。

第3章　黑龙江省现代农业服务业发展现状

3.1　黑龙江省现代农业服务业发展概况

1. 黑龙江省现代农业服务体系基本形成

随着农业服务市场化趋势不断推进，黑龙江省农业服务不断完善，现代农业服务体系基本形成，其中各类市场化主体得到持续发展，逐步形成了以公共服务部门为依托，以社会其他参与主体服务为补充的农业服务体系。我国 2006 年颁布的《中华人民共和国农民专业合作社法》对农民合作社的发展起到极大的推动作用。截至 2016 年末，在黑龙江省工商部门注册的农民合作社总数为 9.1 万个。其中，农业普查登记的以农业生产经营或服务为主的农民合作社为 9791 个；农业经营户为 32.9 万个，其中，规模农业经营户为 5.5 万个。同时，黑龙江省各科研院所、涉农企业也积极参与到现代农业服务体系中。

2. 黑龙江省现代农业服务业服务范畴不断扩大

为满足农户不断变化的需求及社会发展，黑龙江省现代农业服务业除了提供农业生产、加工运输、销售及农资支持等服务外，还需提供其他各类综合型的服务，如农业信息、农业科技、农业金融及保险服务等，同时许多传统的专项服务已经开始转变为更加全面、更加多样化的综合性服务。黑龙江省现代农业服务业服务范畴不断扩大并延伸，专业化水平逐年递增。

3.2　黑龙江省现代农业服务业结构分析

黑龙江省现代农业服务体系主要由四部分构成：农业科技服务体系、农业金融服务体系、农业信息服务体系及农业物流服务体系。

3.2.1 农业科技服务体系

农业科技服务体系作为现代农业服务体系的重要组成部分，它主要由服务于农业生产的各政府部门、社会组织、行会协会等组成，其目的在于将农业新科技转化为现实的农业生产力。一般而言，现代农业科技服务体系是由农业教育、农业科研、农业推广、农科教结合、农业硬件运用等五个体系组成。现代农业科技服务体系的发展水平是影响区域现代农业服务质量的关键性因素。

黑龙江省作为全国重要的商品粮生产基地及农业大省，农业科技实现重大突破。目前，超级稻"双增一百"、玉米"双增二百"科技行动深入开展，玉米的最高亩①产已接近 1000 公斤②。在黑龙江省逊克县开展高寒地区水稻、玉米、马铃薯种植试验获得成功，水稻、玉米、马铃薯单产分别达到 1200 斤③、1600 斤和 2600 斤。玉米育苗移栽机械研制成功并投入生产示范，有效抢夺积温 200～250℃，试验地块亩产达到 1650 斤，每亩纯增收 242 元，可以在黑龙江省三、四积温带大面积推广，将晚熟高产品种向北推移一个积温带，将大幅度提高玉米增产潜力。可见，农业科技创新已成为推动现代农业发展的根本动力。而农业科技服务体系的构建是农业科技创新的基础。

目前，黑龙江省农业科技投入不足，如表 3-1 所示，2008～2015 年黑龙江省财政投入到科技中的比例明显不足，都不到财政支出的 1.30%，虽然农业支出占财政支出比例总体呈增长趋势，但最终投入到农业方面的比例却非常低。

表 3-1　黑龙江省 2008～2015 年农业支出、科技支出、财政支出情况

年份	农业支出/万元	财政支出/万元	科技支出/万元	农业支出占财政支出比例	科技支出占财政支出比例
2008	1 482 656	10 067 389	121 450	14.73%	1.21%
2009	1 924 196	11 688 018	118 100	16.46%	1.01%
2010	3 380 638	15 262 474	166 926	22.15%	1.09%
2011	3 559 778	18 058 251	225 113	19.71%	1.25%
2012	4 303 941	21 972 244	236 095	19.59%	1.07%
2013	4 616 956	22 456 868	229 939	20.56%	1.02%

① 1 亩≈666.67 平方米。
② 1 公斤=1 千克。
③ 1 斤=0.5 千克。

续表

年份	农业支出/万元	财政支出/万元	科技支出/万元	农业支出占财政支出比例	科技支出占财政支出比例
2014	4 876 670	25 144 087	181 534	19.39%	0.72%
2015	6 814 824	28 629 957	192 165	23.80%	0.67%

资料来源：《黑龙江统计年鉴》《中国城市统计年鉴》

3.2.2　农业金融服务体系

农业金融服务体系是由为发展农村经济筹集和管理资金、抵御农业风险、执行经济补偿职能的机构构成的有机整体。农业金融服务体系的功能是通过直接服务和支持服务两条渠道得以实现的。从本质上来讲，农业金融服务体系是为了促进农业产业化、农业与农村经济的持续发展，在金融组织结构方面建立的一系列金融制度。直接服务渠道，就是金融部门通过发放农业信贷对直接生产过程中的农业生产经营者进行服务。直接服务的内容是适应农业发展的需要，努力组织和挖掘农业资金的来源，逐步增加农业信贷投入，保证农业信贷在信贷总量中的稳定增长，按照农民的实际需要，调整农业信贷结构，加强农业信贷管理。支持服务渠道，就是金融部门通过支持农业服务主体，壮大支农部门或者组织的实力，从而实现服务农业的最终目的。支持服务的对象包括服务于农业的科技组织、流通组织、各类专业性农业社会化服务组织。支持服务虽然具有间接性，但服务的最终对象实际上还是农业生产经营者。作为农业金融服务体系的重要补充部分，农业保险为农户抵御农业风险提供了支持。如表 3-2 所示，2008～2015 年，农业保险虽然 2014 年有所波动，但总体仍呈增加趋势，为农业稳定发展提供了帮助。

表 3-2　黑龙江省 2008～2015 年农业保险情况　　　　单位：万元

项目	2008 年	2009 年	2010 年	2011 年	2012 年	2013 年	2014 年	2015 年
农业保险	33 362	137 497	139 893	164 073	221 590	283 295	260 574	298 473

资料来源：《黑龙江统计年鉴》

3.2.3　农业信息服务体系

1. 农业信息服务体系界定

我国学者对农业信息服务体系的定义现阶段并没有一致的界定。李应博和乔忠（2005）认为农业信息服务体系是指为了发展农业信息化，各农业信息服务的主体以提供农业类信息从而服务于用户为核心，按照一定的运行规则和制度所组成的有机体系。程卓杰（2007）则指出农业信息服务体系以使农业向信息化、现代化发展为主要目标，各农业信息服务的主体以提供各种农业类的信息为内核，通过各主要传输网络（电视网、通信网络、互联网），并且借助多种信息终端设备及媒体建立起来的信息高效传输的体系。谭延强（2013）认为农业信息服务体系是以发展农业信息化为目标，农业信息服务体系内的各类供给主体通过广播、电视、互联网及信息终端设备等各种渠道，向需求主体进行信息高效传输，即提供各种农业信息的体系。

本书将农业信息服务体系界定为以农业现代化为目标，以现代信息技术及网络技术为主要载体，由供给主体向需求主体高效传递各类农业信息的体系。

2. 黑龙江省农业信息服务体系构成

黑龙江省农业信息服务体系参与主体主要包括政府部门、科研院所、涉农企业、农民合作社及农户。

黑龙江省农业信息服务体系中政府部门主要包括涉农类相关行政机关及事业单位，主要行使公共管理方面的职能，提供公益性的农业信息服务。涉农的黑龙江省行政机关主要包括黑龙江省农业委员会（以下简称黑龙江省农委）、黑龙江省水利厅、黑龙江省农垦总局、黑龙江省粮食局、黑龙江省畜牧兽医局、黑龙江省气象局等部门，各部门协同开展农业各类信息的处理及传播，最终传递信息到农户手中。黑龙江省从事农业信息服务的事业单位主要包括各地市的种子局、农业技术推广站、植物保护站等机构。此外，黑龙江省还设立了黑龙江省农业信息中心，其网站为黑龙江省农业信息网，同时在哈尔滨、齐齐哈尔、牡丹江、佳木斯等各地市都设有市级的农业信息网站，由各地市的农业委员会负责管理农业信息服务工作。同时，县级、乡级政府也负责配合农业信息的管理工作。

黑龙江省农业信息服务体系中的科研院所包括农业类院校和农业研究所两部分。黑龙江省农业类院校主要包括东北农业大学、黑龙江省八一农垦大学及农业类职业技术学院等。黑龙江省的农业研究所主要包括黑龙江省农业科学院玉米研究所、黑龙江省农业开发设计研究所、黑龙江省农业机械工程科学研究院及黑龙江省农业科学院大豆研究所等。作为农业信息服务体系主体的重要组成部分，科研院所拥有大量农业领域的专家学者，其科研成果可以转化为农业生产所需的各类信息，为农户生产经营活动提供技术上的支持。同时，从事农业信息服务工作的农业类院校毕业生也会不断推动黑龙江省农业信息服务体系的壮大。

农民合作社是我国农村发展中兴起的比较热门的经济组织形式，农民合作社采用会员入会制，对会员提供各种形式的服务。截至 2016 年末，在黑龙江省工商部门注册的农民合作社总数为 9.1 万个。其中，农业普查登记的以农业生产经营或服务为主的农民合作社为 9791 个；农业经营户为 32.9 万个，其中，规模农业经营户为 5.5 万个。2016 年黑龙江省出台《引导和促进农民合作社规范发展的意见》，力争到"十三五"期末有 70% 以上的市级农民合作社规范社建立完备的成员账户、实行社务公开、依法进行盈余分配，省级农民合作社规范社数量以每年不低于 10% 的比例增长，现代农机合作社基本实现规范化。随着黑龙江省不断完善和理顺合作社，农民合作社的优势开始发挥出来。例如，桦川县创业乡谷大村村民景春鹏初创春鹏水稻专业合作社时，仅有 5 户农民加入，当 1 公斤水稻卖出近 40 元价格时，农民加入合作社的热情被点燃了，如今入社农民达到 317 户。

黑龙江省农业信息服务体系中涉农企业主要包括两个方面的企业：从事农产品加工等业务的农业生产经营企业和从事农业信息服务相关工作的 IT 企业。黑龙江省作为农业大省，其种植业发展较好，因此产生很多以农产品加工等为主营业务的农业生产经营企业。此外，饲料厂等在养殖领域也可为农户提供一些生产信息。2012 年，黑龙江省拥有国家级农业类企业 7 家，具体企业概况如表 3-3 所示。

表 3-3　黑龙江省涉农国家级龙头企业

企业名称	所在城市	主营业务
九三粮油工业集团有限公司	黑龙江省哈尔滨市	大豆深加工
黑龙江北大荒马铃薯产业有限公司	黑龙江省哈尔滨市	马铃薯产业

续表

企业名称	所在城市	主营业务
万向德农股份有限公司	黑龙江省哈尔滨市	种业企业
黑龙江成福食品集团有限公司	黑龙江省肇东市	玉米深加工
黑龙江富华集团总公司	黑龙江省齐齐哈尔市甘南县	生物制药、农产品精深加工
黑龙江省东北大自然粮油集团有限公司	黑龙江省七台河市	大豆色拉油等
黑龙江省阳霖油脂集团有限公司	黑龙江省双鸭山市集贤县	粮油经销

3. 基于波拉特法的黑龙江省农业信息化水平测度

1）波拉特法

波拉特法是马克卢普与波拉特等提出的一种宏观计量方法，它以信息经济为其测度对象，通过三个指标来衡量全社会信息化水平，即信息部门所创造的财富占的比重、信息部门就业人数占总就业人数的比重和信息部门就业者收入占国民总收入的比重。波拉特法主要用来测算信息产业对国民经济的贡献率。要测算农业信息化水平，波拉特法更为适用。因此，本节选择波拉特法作为测算黑龙江省农业信息化水平的方法。

2）黑龙江省第一信息部门产值的测度

根据波拉特法的定义，要测度农业信息化水平，首先要确定农业第一信息部门包括哪些部门。根据《国民经济行业分类》（GB/T 4754—2011）中行业分类和 2005～2015 年《黑龙江统计年鉴》中各行业的产值，归纳总结出农业第一信息部门主要包括：农林牧渔服务业、科学研究和综合技术服务业、教育文艺及广播音像业、邮电业。本节将农林牧渔服务业产值整体都纳入第一信息部门，将科学研究和综合技术服务业、教育文艺及广播音像业、邮电业中仅属于农业服务的产值纳入其中。农林牧渔服务业产值可从《黑龙江统计年鉴》获得。科学研究和综合技术服务业、邮电业、教育文艺及广播音像业中为农业部分的算入第一信息部门，这些产业中归入农业第一信息部门的产值为这些产业总产值乘以农业总产值（某一年）与当年国内生产总值（gross domestic product, GDP）的比重，结果如表 3-4 所示。

表 3-4　第一信息部门产值

年份	GDP/亿元	农业总产值/亿元	农林牧渔服务业产值/亿元	科研、教育等产值/亿元	农业占GDP比重	科研、教育等产值中的农业部分/亿元	第一信息部门产值/亿元
2004	4 750.6	1 136.6	12.5	337.1	23.9%	80.57	93.07
2005	5 513.7	1 294.4	10.0	331.6	23.5%	77.93	87.93
2006	6 211.8	1 391.1	18.3	352.0	22.4%	78.85	97.15
2007	7 104.0	1 700.6	20.2	412.1	23.9%	98.49	118.69
2008	8 314.4	2 123.4	21.6	434.0	25.5%	110.67	132.27
2009	8 587.0	2 251.1	22.3	439.6	26.2%	115.18	137.48
2010	10 368.6	2 536.3	26.5	486.0	24.5%	119.07	145.57
2011	12 582.0	3 223.5	31.9	568.8	25.6%	145.61	177.51
2012	13 691.6	3 952.3	37.5	598.8	28.9%	173.05	210.55
2013	14 454.9	4 633.3	42.7	601.5	32.1%	193.08	235.78
2014	15 039.4	4 894.8	48.3	683.1	32.5%	222.01	270.31

资料来源：《黑龙江统计年鉴》

注：科研、教育等产值为科学研究和综合技术服务业、教育文艺及广播音像业、邮电业三个产业的产值总和

3）黑龙江省第二信息部门产值的测度

农业第二信息部门产值的测算相对农业第一信息部门产值的测算来说更加复杂，波拉特所采用的方法就是给第二信息部门作一个特殊的界定，即在一个机构内部提供信息服务的组织，但其服务从不对市场出售。接着提出测评其产值的两个投入量：第二信息部门中的信息劳动者的收入；第二信息部门中信息机器设备的折旧。这二者之和就构成了第二信息部门产值的近似值。目前，我国学者在测算第二信息部门产值时，一般采用如下公式来计算：

第二信息部门产值=第二信息部门的信息劳动者收入+第二信息部门的固定资产折旧值=第二信息部门信息劳动者人数×（人均工资+人均固定资产折旧值）

各部分计算结果如表 3-5～表 3-7 所示。

表 3-5　农业第二信息部门劳动者收入　　　　　　单位：亿元

年份	农林牧渔服务业	科学研究、技术服务和科技交流与推广服务业	新闻、广播电视音像业	国家机构	第二信息部门信息劳动者收入
2004	4.15	0.32	0.09	0.04	4.60
2005	4.07	0.33	0.10	0.05	4.55
2006	3.12	0.39	0.13	0.05	3.69

续表

年份	农林牧渔服务业	科学研究、技术服务和科技交流与推广服务业	新闻、广播电视音像业	国家机构	第二信息部门信息劳动者收入
2007	5.45	0.72	0.16	0.06	6.39
2008	6.00	0.94	0.20	0.07	7.21
2009	10.82	2.55	0.21	0.09	13.67
2010	12.53	1.18	0.20	0.10	14.01
2011	15.51	2.41	0.23	0.11	18.26
2012	19.50	0.70	0.20	0.12	20.52
2013	19.06	0.69	0.25	0.11	20.11
2014	18.39	0.73	0.24	0.12	19.48

资料来源：《黑龙江统计年鉴》

表3-6 农业固定资产折旧及第二信息部门产值

年份	农业固定资产折旧/亿元	农业从业人数/万人	人均固定资产折旧值/元	第二信息部门劳动人数/万人	第二信息部门固定资产折旧/亿元	第二信息部门产值/亿元
2004	49.21	903.3	544.78	7.23	0.39	4.99
2005	74.65	949.0	786.62	6.80	0.53	5.08
2006	78.36	944.3	829.82	9.07	0.75	4.44
2007	100.25	949.4	1055.93	6.89	0.73	7.12
2008	178.12	966.3	1843.32	6.42	1.18	8.39
2009	184.23	978.2	1883.36	10.18	1.92	15.59
2010	169.91	989.4	1717.30	9.92	1.70	15.71
2011	270.36	989.2	2733.12	10.34	2.83	21.09
2012	286.95	988.5	2902.88	9.52	2.76	23.28
2013	301.23	992.8	3034.15	8.17	2.48	22.59
2014	320.15	982.9	3257.20	7.29	2.37	21.85

资料来源：《黑龙江统计年鉴》

表3-7 黑龙江省农业信息化水平测度

年份	第一信息部门产值/亿元	第二信息部门产值/亿元	信息部门总产值/亿元	农业总产值/亿元	第一信息部门产值占农业总产值的比重	第二信息部门产值占农业总产值的比重	信息部门总产值占农业总产值的比重
2004	93.07	4.99	98.06	1136.6	8.19%	0.44%	8.63%
2005	87.93	5.08	93.01	1294.4	6.79%	0.39%	7.19%
2006	97.15	4.44	101.59	1391.1	6.98%	0.32%	7.30%
2007	118.69	7.12	125.81	1700.6	6.98%	0.42%	7.40%
2008	132.27	8.39	140.66	2123.4	6.23%	0.40%	6.62%
2009	137.48	15.59	153.07	2251.1	6.11%	0.69%	6.80%
2010	145.57	15.71	161.28	2536.3	5.74%	0.62%	6.36%

续表

年份	第一信息部门产值/亿元	第二信息部门产值/亿元	信息部门总产值/亿元	农业总产值/亿元	第一信息部门产值占农业总产值的比重	第二信息部门产值占农业总产值的比重	信息部门总产值占农业总产值的比重
2011	177.51	21.09	198.60	3223.5	5.51%	0.65%	6.16%
2012	210.55	23.28	233.83	3952.3	5.33%	0.59%	5.92%
2013	235.78	22.59	258.37	4633.3	5.09%	0.49%	5.58%
2014	270.31	21.85	292.16	4894.8	5.52%	0.45%	5.97%

资料来源：通过归纳计算获得

如表 3-7 所示，2004～2014 年黑龙江省农业信息化水平并非呈现一直上升态势，在 2004 年达到峰值后，整体呈现下降趋势，通过相关文献可知黑龙江省农业信息化在全国属于投入少、欠发达水平。根据信息经济发展阶段的划分标准，信息部门的总产值占农业总产值的比重在 15%～25% 属于信息经济的起步阶段，以此作为参照可知，黑龙江省信息部门总产值占农业总产值的比重不足 10%，农业信息化水平仅属于发展的初级阶段，说明今后黑龙江省农业信息化工作应加大投入力度。

3.2.4　农业物流服务体系

现代农业物流是以现代信息技术为基础，整合农业物流资源，实现农产品、农用物资及农业加工品从生产地到消费地的空间转移过程。黑龙江省除黑龙江省农垦总局农场外的农户大多属于小规模分散生产经营模式，对市场行情的波动变化及自然灾害的抵御能力较差。现代农业物流服务体系的建立将推动传统小规模分散生产经营模式向国际化、一体化经营模式转变，即在充分利用信息和网络技术的基础上，通过与大型跨国农业公司、专业合作社及家庭农场联结，增强对市场风险及自然灾害的抵御能力。

2015 年黑龙江省物流企业总数（含个体工商业户）约为 28 000 家，其中，5000 万元资产以上的物流企业为 213 家，占物流企业总数的 0.8%；国有及国有控股的只有 652 家，占物流企业总数的 2.3%；中小私营和个体企业为 1366 家，占物流企业总数的 4.9%。按照经营业务类型划分，黑龙江省物流企业中综合类物流企业为 1180 家，占物流企业总数的 4.2%；运输类企业为 575 家，占物流企业总数的 2.1%；仓储类企业为 476 家，占物流企业总数的 1.7%。

从表 3-8 可见，黑龙江省农产品物流总额在 2011 年已达到 3236.6 亿元，占社会物流总额的 16.6%，远远高于全国的平均水平 1.7%，与同为农业大省的山东省相比，高出 12.7 个百分点，这说明黑龙江省作为全国重要的商品粮基地，农业物流在全省物流服务体系中至关重要。2015 年黑龙江省社会物流总额为 2.95 万亿元，农产品物流总额为 5045 亿元，同比增长 5.1%，增幅比上年提高 0.6 个百分点，占社会物流总额比重为 17.1%，可见，黑龙江省农产品物流总额占社会物流总额比重稳中有升。从表 3-8 也可以看到，黑龙江省物流领域长期存在成本高、效率低等突出问题，其社会物流总费用占 GDP 的比重高于全国平均水平，需要大力推动物流业降本增效，推进物流业转型升级，提升行业整体发展水平，以更好地服务于经济社会的发展。

表 3-8　2011 年黑龙江省、山东省及全国物流运行情况比较表

项目	黑龙江省	山东省	全国
社会物流总额/亿元	19 476.1	133 922.7	1 548 000.0
农产品物流总额/亿元	3 236.6	5 245.9	26 312.0
社会物流总费用/GDP	18.5%	17.9%	17.8%
农产品物流总额/社会物流总额	16.6%	3.9%	1.7%

资料来源：《2011 年全国物流运行情况通报》

2012 年以来，黑龙江省原有的优势物流企业在原有基础上，全面构建农业物流服务体系，如黑龙江倍丰农资集团不断下沉网点，构建其农业物流营销服务网络；黑龙江农垦北大荒物流集团有限公司也在省内外进行基地建设和网络布局，并建立多元化的农业物流服务体系；中国邮政速递物流股份有限公司利用其遍布城乡的网点，建立面向农业、农村的双向农业物流服务体系。同时，外省区市大企业和运营机构也不断地加入到黑龙江省农业物流领域的竞争中，如江苏雨润食品产业集团有限公司、江苏润恒集团，都在建设大型农产品物流集散交易中心；阿里巴巴也利用其强大的网络和电子商务优势，进入农产品物流高端市场。通过省内外物流企业进入农业物流领域，农业物流服务体系专业化发展成效显著，如北大荒粮食物流股份有限公司、黑龙江金谷物流有限公司等，在粮食出省运输上实现了四散化和公铁海联运；哈尔滨、佳木斯等地都建

设了专业的农机大市场和物流中心；农产品冷链物流也呈现出快速发展的势头，从 2012 年初到 2013 年末仅冷库就增加了三十多万吨的库容，超过以往库容总量。

黑龙江省当前农业物流服务重点是发展粮食、农资、农机、农产品冷链、农村消费品等方面。粮食物流利用区位、交通的优势，以农业主产区为中心，加快农产品物流园区建设，通过整合仓储资源，提升其对周边区域特别是粮食主产区的辐射功能，构建以粮食购销、流通加工和集中运输为核心的粮食物流体系。农资物流通过构建农资配送网络，形成循环配送模式，把优质农资以最低的物流成本送达农民手中。农机物流通过整合现有的农机专业市场资源，构建全省农机物流服务网络，实现农机生产、销售、售后物流服务一体化。农产品冷链物流根据全省农畜基地建设，以城市农畜产品批发市场及加工、配送基地为中心，应用现代物流技术，建设鲜活农产品的储藏、加工、运输、配送等冷链物流设施和信息平台，构建农产品冷链物流服务体系。农村消费品物流结合农村"万村千乡市场工程"和农村现代流通服务网络，发挥城市大型商业企业连锁经营和城镇配送体系服务网络优势，通过"一网多用"，整合农村社会流通资源，构建全省农村消费品物流网络，重点发展农村消费品连锁超市和联合配送物流体系。

第4章 黑龙江省现代农业发展对现代农业服务业的需求分析

4.1 现代农业发展对现代农业服务业的要求

现代农业发展本质上就是用现代科学技术及现代经营管理方式来改造传统农业，使农业生产经营实现规模化、集约化和市场化的过程。在这一过程中，对现代农业服务业提出了更高的要求，主要包括以下几个方面。

1. 现代农业发展要求农业科学技术加快创新

现代农业的重要特征之一就是广泛采用先进的农业科学技术、生物技术和生产模式，以满足农产品的优质化、多样化、标准化的需求。现代农业的发展过程本质上就是先进科学技术在农业领域的广泛应用过程，是用现代科技改造传统农业的过程。因此，农业科学技术是现代农业发展的重要推动力。现代农业正成为以生物技术和信息技术为先导的科技高度密集型产业，现代农业的竞争实质是科技的竞争，科技的发展不仅能够提高农业生产效率，还能促进农业现代化产业的发展，增强农业竞争优势。因此，现代农业科技发展与创新是促进现代农业发展的关键。

2. 现代农业发展强调对农业信息技术的应用

现代农业信息技术是利用现代高新技术改造传统农业的重要途径，特别是利用信息技术对农业生产、经营管理、战略决策等过程提供资料查询、技术咨询和辅助决策等服务，是加快现代农业发展的重要手段。遥感技术、地理信息系统、全球定位系统、互联网技术的应用是现代农业资源管理的重要手段，这些技术能够实现低成本、快速、高精度的信息获取、数据分析和信息沟通。农业信息基础设施建设、农业信息技术装备配置、农业信息资源开发利用和农业信息技术普及都直接关系到现代农业信息化的发展。

3. 现代农业发展要求加快现代农业人才培养

现代农业发展要求有高素质的农业人才的支撑，现代农业人才的培养是促进农业科技创新和应用的先行者，是实现农业生产方式根本转变的推动者，是实现农业现代化的关键。现代农业人才的培养一方面要求农业生产经营者要改变传统的小农思想意识，敢于接受新技术、新方法；另一方面要求农业生产经营者不断提高自身技术水平，提高农业科技的应用能力。同时，提高现代农业人才的经营能力，不断调整和优化农业产业结构，是现代农业发展的重要组成部分。

4. 现代农业发展要求深化与现代农业服务业的融合

促进现代农业服务业与现代农业的深度融合，是改造和提升传统农业，实现农业现代化的必由之路。现代农业服务业覆盖面广，必须找准农业发展对服务的需求，才能有效实现现代农业服务业与现代农业的深度融合。其中，加强农业科技服务与现代农业的深度融合，完善农业信息化服务体系，健全农业技术推广服务体系，全面推行农业标准化服务体系，打造农业公共服务平台等是现代农业与现代农业服务业融合的重中之重。

4.2　黑龙江省农户对现代农业服务业的需求分析
——基于调研数据分析

分散的农户生产是我国农业生产的主要现状。因此，农户的需求代表了我国现代农业发展对现代农业服务业的主要需求。为了更加深入地了解现代农业发展对现代农业服务业的需求，以及现有农业服务业的应用情况，本书以黑龙江省为例，对相关农户进行问卷调查，详细了解黑龙江省农户对现代农业服务业的需求和满意度，为进一步提供农户需要的服务提供现实基础。

4.2.1   黑龙江省农户生产的基本信息分析

此次调研的地区主要分布在佳木斯市汤原县、牡丹江市海林市、五常市、大庆市林甸县和牡丹江市穆棱市,覆盖了黑龙江省主要的农产品生产地区。调研地区的主要农作物为玉米、大豆和水稻,为黑龙江省主要农作物种类。调研的目的是深入了解黑龙江省农村地区对现代农业服务业特别是以互联网为代表的信息技术服务业的应用及需求状况,并在此基础上,为更好地促进黑龙江省现代农业发展提出相关的建议。此次调研对象主要是分散的农户,其中还涉及部分贫困地区的农户。此次调研对提高农户的收入,解决贫困问题有一定的帮助。

1. 农户的基本信息分析

本书通过对黑龙江省农户的基本信息调研发现:在年龄方面,40~50 岁的农户数量占比最高,达到 46%,50 岁以上的农户达到 24%,两者人数相加达到70%,说明黑龙江省农户以中老年人为主;在受教育程度上,初中及小学学历占到了 92%,高中学历仅有 8%,并且没有大专及以上等学历,说明农户普遍受教育程度较低。特别值得注意的是,在调研中发现,30 岁以下的农户都只有初中或小学学历。较大的年龄及较低的教育水平一定程度上影响对现代农业服务业的学习和应用,特别是对以互联网为代表的信息技术服务业的学习和应用。

在对互联网的接受形式方面,82.5%的农户都会上网,其中,45%的农户使用手机上网,并且同时使用电脑和手机上网的农户较多。由此可见,互联网已经在黑龙江省农村地区普及,农户具有使用互联网的基本技能,特别是对移动互联网的接受和使用程度更高,这在一定程度上有利于基于移动终端的现代农业服务业的开展。

2. 农业生产基本信息分析

在种植的土地面积方面,48%的农户土地面积在 10~30 亩,21%的农户土地面积在 30~50 亩,17%的农户土地面积在 50 亩以上,其他都在 10 亩以下。其中,50 亩以上的农户土地面积都在 200 亩以上。调研发现,每个村的农户的土地面积分布相对比较统一,如一个村中大多数农户的土地面积都在 20 亩左右，或 40 亩左右，农户之间的差异较小。这种情况一方面，与该村的人口数量有关，另一方面，与村集体的土地面积多少有关。

在种植的主要农作物方面，50%的农户种植玉米，28%的农户种植大豆，15%的农户种植水稻，并且多数农户选择水稻+玉米或玉米+大豆两种作物混种模式。此外还有 7%的农户选择种植烟草、葡萄、蓝莓经济作物，并且种植面积一般较大。这些说明调研农户的主要农作物仍然是以粮食为主，但有部分农户已经意识到经济作物的市场需求，因此开始尝试种植经济作物。调研还发现，每个村内部农户的种植结构基本相同。

在是否加入农民合作社方面，仅有 14%的农户加入，24%的农户正考虑加入，其余62%的农户都没有加入，并且加入农民合作社的农户都在同一个村，正在考虑加入的农户也在同一个村。从中可以看出，农户已经意识到加入农业生产组织的重要性，单独的农业生产无法发挥规模优势。

从调研信息发现，黑龙江省农户在农业生产习惯、农业组织方式等方面，具有明显的群体性，并且是以所在村为整体表现出高度的相似性，这样在深入开展现代农业服务业时，可以有针对性地提供一个村农户集体所需的服务。

4.2.2　黑龙江省农户农业生产现状及对信息技术的应用分析

在农业生产中，安排种植计划、购买农资、获得技术指导及销售农产品是重要的环节。此次调研我们分别就这几个环节进行调查分析。

在安排种植计划方面，65.7%的农户都是根据往年经验来安排今年的种植计划，25.7%的农户选择跟随他人的种植计划，两者合计占比达到了 91.4%，说明大多数黑龙江省农户的生产安排依然以经验为主，缺乏市场参与意识。但是在调研中发现有 2.9%的农户会根据预定订单来安排种植计划，说明已经有部分农户开始做农业生产前的计划安排，并且获得了准确的市场信息。

在购买农资方面，38.7%的农户选择在政府设置的农资销售点购买，另有41.9%的农户选择从企业订购。一方面，说明地方政府农资销售渠道比较广，另一方面，说明农户对政府和企业的信任度比较高。没有一个农户选择通过网络方式购买农资物品。这一定程度上反映了黑龙江省农户对农业电子商务的认知或应用比较落后。

在获得技术指导方面，87.5%的农户是依靠自己的经验或问熟人的方式来进行农业生产，仅有 8%的农户会咨询农技工作者，有 4.5%的农户会自己上网查相关资料。调研反映出依靠农业生产经验仍然是主要的生产方式，但已经有部分农户意识到可以通过专业技术指导和网络来获取技术信息。调研发现，咨询农技工作者的农户都在同一个村，再次证明农业生产的群体性和效仿性特征。

在销售农产品方面，15%的农户选择国家收购；81%的农户选择自己销售，其中，55%的农户是卖给小贩；还有 4%的农户选择网上销售。销售方式的多样性体现了农户对农产品的销售并没有计划和安排。而超过一半的农户选择卖给小贩，说明了农产品经纪人在农产品流通中的重要性。

从调研情况来看，农户安排种植计划仍然以自身经验为主，在购买农资和销售农产品方面地方政府发挥着重要作用，但是在获得技术指导方面，地方政府尚未发挥应有作用。此外，部分农户已经意识到信息技术特别是互联网技术给农业生产带来的便利，并开始尝试使用互联网，但是整体应用程度较低。

4.2.3　黑龙江省农户对现代农业服务业的需求分析

与农业生产相关的现代农业服务业主要涉及信息、农业技术服务业、现代物流服务业、农业信贷业等方面，此次调研也从不同角度对这些方面进行分析。

1. 对信息、农业技术服务业的需求分析

在获得农业信息的渠道方面，72%的农户通过熟人或当地市场获得农业生产中的价格、需求等信息；20%的农户通过电视、广播等传统媒体获得信息；还有 5%的农户通过政府部门发布通知来获得信息；3%的农户会通过上网来了解相关信息。从中可以看出，传统的市场、社交和广播、电视是农户获得信息的主要途径，这些方式获得的信息具有较强的滞后性，一定程度上影响农户的农业生产判断。

在希望通过哪种方式获取农业信息和技术指导方面，45.5%的农户选择现场指导，22.7%的农户选择农技推广站，说明大部分农户希望获得更加直接的技术指导。调研发现，还有 25%的农户希望通过短信或微信等现代通信方式获得相关农业信息和技术指导，特别是通过移动通信方式来获取相关信息指导，说明 1/4 的农户希望通过更加便捷的通信方式获得技术指导。此外，调研显示只有 6.8% 的农户希望通过政府网站获得相关信息，在一定程度上反映出政府网站信息的推广力度不够。

农户获得信息的渠道和希望获得信息的方式之间的差距反映出现代农业服务业特别是信息、农业技术服务业在满足农户需求方面存在较大的不足。

2. 对现代物流服务业的需求分析

在完成农产品物流运输方面，35.9% 的农户自己完成，说明部分农户具备自给自足的物流能力；53.9% 的农户通过熟人帮忙完成，反映出很大一部分农户的农作物物流环节需要借助外部的帮助；10.2% 的农户选择专业的物流企业来完成农产品的物流。而在当前农业物流方式是否方便方面，有近 40% 的农户认为不方便。

调研发现，农户对农产品物流有较大的需求，特别是黑龙江省农户的土地种植较多，农作物数量普遍较多，对物流有较大的需求，但是由于缺乏专业的物流服务提供商，更多的农户选择自己解决物流问题。同时，调研发现，当地政府没有提供与农业物流相关的服务，造成了农户需求与市场供给之间的脱节。

3. 对农业信贷业的需求分析

在使用农业信贷方面，40% 的农户选择农村信用社，说明农村信用社在农业信贷领域普及较好，并且农户信任度较高。22.5% 的农户会找个人拆借，12.5% 的农户会使用赊账，两者合计占到 35%，这反映出一部分农户在农业生产受到资金制约时仍会选择传统的方式私下解决，但是没有一个农户选择网上小额贷款方式。原因是一方面农户的资金需求一般金额较少、时间较短，比较容易私下拆借完成；另一方面农户对网络金融、网络小贷等新型信贷模式还没有接触或接受。

在当前农业贷款方式是否方便方面，73% 的农户都认为比较方便，其余27% 的农户认为不方便，并且认为不方便的农户在农业信贷方式中只选了农村信用社一项，一定程度上反映了当前农村信用社在农业贷款手续、程序及便利性方面还没有完全满足农户的需求，需要进一步地改进和加强相关工作。

从农业信贷的整体来看，农户对现有的农业信贷方式基本比较满意，能够满足大多数农户的信贷需求，但是在新型贷款方式推广方面，仍有待加强。

4. 农户对现代农业服务业需求的重要性分析

为了更加准确地了解农户所需的农业服务，本书还调研了农户认为重要的影响农业生产的环节和要素，结果显示，19%的农户认为政府的农业扶持政策最重要，说明一部分农户对政府的政策支持有很高的期望，同时反映出黑龙江省农业发展对政策的依赖程度较高。36%的农户认为农产品安排种植计划和销售农产品最重要，反映出一部分农户已经意识到按市场需求规划农业生产和开展农产品销售的重要性，同时也反映出农户对农业市场信息的迫切需求。34%的农户认为农业物流服务最重要，说明部分农户认识到物流服务在农业生产中的重要作用。此外，只有11%的农户认为机械化应用最重要，但是黑龙江省已经基本实现农业生产的机械化，进一步提高机械化应用水平并不能带来明显的农业生产效率和效益的提升。

从以上分析可以看出，首先，农户认为农业市场信息最重要，同时对其需求也最高，并且希望能够通过方便、快捷的途径获得及时、准确的农业市场信息及农业生产的技术指导；其次，农户对农业物流服务有较大的需求空间，特别是专业的物流服务；最后，农户对农业扶持政策期待较高，希望通过相关优惠扶持政策保证和促进农业生产。

同时，从分析中还可以看出，黑龙江省农户对以互联网为主的信息技术应用尚存在较大不足，特别是对借助电子商务平台来购买农资、获得技术指导及销售农产品等方面的应用严重不足。

4.2.4 黑龙江省农户对当前农业服务业的满意度分析

为了更好地了解当前农业服务业的开展情况，本书从农业服务业、政府服务、电子商务及互联网应用等方面对农户进行了满意度调查和分析。

1. 农业服务业的满意度分析

调查发现，对当前的农业信贷服务，农户认为一般和满意的达到了82.8%，说明基本能够满足大多数农户的需求，但是尚未完全满意，需要进一步地提升农业信贷服务水平，特别是在农业信贷的便利性、快捷性方面。

对当前的农业物流服务，79.3%的农户表示一般和满意，其中，48.3%的农户表示满意，由于调研农户多数是自己完成物流，说明当前的物流形式能够基本满足需求。但是也有 14%的农户表示很不满意，这反映出农户对更加便利和专业化的物流服务的需求。

对当前的农机租赁服务，48.3%的农户表示很不满意和不满意，同时 24.1%的农户表示当地没有该项服务。虽然在前面的调研中显示，大多数农户并不认为机械化应用在农业生产中是最重要的，但是农机租赁和使用的便利性却是影响农业服务的重要因素。因此，在农机租赁服务方面需要提高服务水平。

2. 政府服务的满意度分析

对当地政府提供的农业信息的便捷性和准确性，44.8%的农户表示当地政府不提供农业信息，24.1%的农户表示一般，另有 20.7%的农户表示很不满意和不满意，说明地方政府在农业信息提供方面存在较大不足。

对当地政府提供的农业技术推广服务，62.1%的农户表示很不满意和不满意，这反映出地方政府在农业技术推广和指导方面与农户期望及需求差距较大。

农户对农业信息的需求反映出农户对政府政策有很高的期望。因此，政府在农业发展中仍须发挥引导和推动作用。

3. 电子商务及互联网应用的满意度分析

对当地网速和网络信息的便捷性，44.8%的农户认为一般，41.4%的农户认为很不满意和不满意，说明当地的网络基础设施建设方面还存在较大的不足，不能满足农户对网络服务的需求。

对当地农产品的网上销售情况，45%的农户表示不了解，23%的农户表示听说过，反映出农户对农业电子商务尚未认知和了解，需要加大宣传推广力度。

对从网络获得农业信息的现状，51.7%的农户认为很不满意和不满意，41%的农户认为一般，说明农户希望通过互联网等新型信息技术途径获得农业信息，但是当前互联网上提供的农业信息还不能满足农户的需求。因此，需要提高农业信息的服务质量。

4. 小结

整体来看，农户对农业信贷服务、农业物流服务相对比较满意，但是对服务的便捷性、专业性等有更高的要求；对当地政府在农业信息和农业技术推广方面的服务不满意居多，主要是农户对农业信息和技术指导有较高的需求，同时对政府服务有较高的期待；对互联网信息技术的应用不满意，特别是对农业电子商务不了解。

4.2.5　黑龙江省农户对信息技术的接受意愿分析

为了了解农户对网络信息技术的接受和应用程度，作者对农户获取农业信息的方式展开了调查。

结果显示，89.7%的农户希望通过更加便捷的途径获得农业生产培训和技术指导，说明农户非常重视农业生产中的技术应用，希望通过技术指导来提高农业生产效率；79.3%的农户希望通过电子商务网站销售农产品，说明农户希望借助互联网技术来拓展自己的产品销售渠道；79%的农户希望通过网站或微信等方式获得农业信息，说明农户愿意接受和使用现代化信息技术，特别是通过网络技术来获得农业生产的相关信息。整体表明，农户很愿意接受并使用网络信息技术，并通过互联网来获得更多加快农业生产经营的服务。这就为网络信息技术在农业生产中的普及和推广奠定了基础。

4.3　影响黑龙江省农户对现代农业服务业需求的因素分析

通过上文的分析可以看出，黑龙江省农户对现代农业服务业有着强烈的需求，特别对以互联网为代表的现代信息技术的应用有很高的期待，但是对相关的农业服务还不满意，特别是信息服务的及时性、便捷性等，出现这些问题的原因有很多，可以从以下几个方面来分析。

4.3.1　农户自身因素

1. 小农生产意识仍较重

规模化是现代农业发展的重要特征之一，但是由于我国农户长久以来形成的自给自足的农业生产观念，小农生产意识严重，农户不愿意转变农业生产经营方式，无法突破耕地小块分割，难以规模化生产经营。同时，小农生产意识也使得农户对现代农业服务业的需求以满足一家一户为目标，难以实现大规模的机械化、现代化的生产经营。另外，小农生产意识使得农户在安排农业生产时，很难以市场需求为目的，其种植、生产、加工的范围局限于一家，难以形成农业生产的市场化经营。总之，小农生产意识限制了农户对农业生产环节的全面了解，阻碍了现代农业服务业的大范围普及和应用。

2. 对政府政策的依赖性强

为保证农业生产的稳定发展，我国政府连续多年给予农业发展各种优惠支持政策，一方面确实促进了农业的稳定生产，但是另一方面造成了农户及农业企业对政府政策的依赖性增强，导致农业生产缺乏市场机制的调节，社会资源无法通过市场机制进行有效配置，严重阻碍了现代农业的发展，特别是分散的农户对相关农业政策依赖性更强，缺乏市场应变能力，容易导致农业生产与市场需求脱节，导致农户利益受损。

3. 农户自身的学习能力较弱

大多数农户的受教育程度较低，文化水平有限，导致农户对农业科学技术的学习能力较弱，不容易掌握，因此农户对农业科学技术的应用能力有限。同时，由于农户的学习能力较弱，理解力较低，对通过书本、网络等途径进行的农业技术指导的接受力有限，农户需要进行面对面的指导，这样进一步限制了农业科技的快速推广和普及。

4. 缺乏农业生产经营的市场化意识

现代农业的重要特征之一就是市场化，但是受农户的自给自足观念影响，农产品本身市场化不足及农村地区市场体系不成熟等，导致农户缺乏农业生产的市场化意识，对农业生产经营中专业化服务的需求意识不足，不能有效地利用市场中的现代农业服务业特别是农业信息、农业信贷、农业物流等，为自身的农业生产服务。

4.3.2　农业信息基础设施落后

现代农业发展对现代农业服务业的重要需求之一是农业信息化，但是农村地区信息基础设施落后，农业信息技术装备不足，严重阻碍了现代农业的发展。特别是物联网、大数据、空间信息、移动互联网等信息技术在农业生产中已经发挥越来越重要的作用，精准农业、智慧农业的发展也离不开信息基础设施的建设。特别是在农业经营过程中，农业电子商务的快速发展，农业经营主体的经营信息化、管理信息化不断深化和拓展，这些都要求有完善的农业信息基础设施作为保证，但是农村地区的农业信息基础设施落后的现状严重阻碍了农户对现代农业服务业的应用。

4.3.3　专业现代农业服务商的缺位

现代服务业在制造业的应用已经比较充分，但是专门针对农业的现代服务尚处于发展和完善阶段，特别是专门服务于农业的农技、农机租赁、农业信贷、农业物流、农业信息及提升农业组织化程度等服务还远远没有满足现代农业发展的需求。农业生产的分散化、区域化、损耗大、成本高导致现代农业服务商不愿意进入农业生产领域，因此进一步加剧了专业现代农业服务商的缺位，导致农户对某些服务的需求不能得到有效满足。同时，以农民合作社、"公司+农户"等形式为主的农业社会化服务模式的不足，导致农业产业链缺乏统一成熟的服务体系。此外，缺乏深入融合互联网和用户的以现代网络信息技术为代表的现代农业服务商，也使得农户对现代农业服务业的需求不能得到及时快捷的满足。

4.3.4　地方政府服务尚不完善

尽管现代农业服务业应该由市场来满足，这样更加有利于实现现代农业生产的市场化和现代化，但是由于农业生产的特殊性，农业生产必然离不开各级政府特别是地方政府的支持。从调研数据可以看出，地方政府虽然提供了相关的服务，但是由于农户对政府的信任及依赖，农户仍然希望从政府获得更多的服务，这反映出地方政府在现代农业服务方面尚存在不足，无法满足农户对相关服务的需求。

第5章 黑龙江省现代农业服务业供给情况分析

5.1 现代农业服务业的发展

现代农业服务业是贯穿现代农业生产始终，直接完成或协助完成农业产业链各环节作业的现代化服务业。加快现代农业服务业发展，培育新型农业经营主体，构建现代农业产业体系，对促进现代农业发展具有重要的意义。现代农业服务业在发展和服务农业的实践过程中，还需要遵循一定的原则，并且通过一定的渠道途径来实现，同时政策支持也必不可少。

5.1.1 现代农业服务业发展的基本原则

1. 坚持以市场导向为主

现代农业服务业的发展一定要遵循市场规律，这样才能更好地发挥市场配置资源的作用，促进服务供给与农业生产需求的有效对接，更加高效地促进现代农业的发展。同时，政府应该积极培育、引导现代农业服务业的发展，规范市场行为，为现代农业服务业发展创造良好的市场环境。

2. 以服务农业农民为目标

现代农业服务业的目标是加快实现农业现代化，提高农民收入，改善农民生活。因此，现代农业服务业的目标应该着力解决农业生产的关键领域和重点环节的问题，着力解决农民迫切需要解决的问题，特别是农民自己办不到，但是又迫切需要的便利性服务。

3. 以创新发展形式为关键

改造传统农业的关键是技术创新、组织创新、经营创新等多种创新形式的综合应用，要根据农业生产的区域性、季节性等特点因地制宜地选择创新发展形式。同时，推动现代信息技术与现代农业服务业的融合，不断推进现代农业服务业的模式创新。

4. 以注重服务质量为要点

现代农业的发展已经由简单的量变转变为质变，现代农业服务业就是要通过服务质量的提升，切实提升现代农业发展效率。因此，在现代农业服务业提供服务的过程中，要根据市场需求及农业生产经营主体的需求，严格服务标准，规范服务操作，加强服务质量监督，切实促进现代农业的健康快速发展。

5.1.2　现代农业服务业发展的重要意义

1. 现代农业服务业是现代农业发展的重要组成部分

将现代资源要素引入现代农业是农业现代化的本质要求。因此，现代农业呈现出农业科学技术的现代化，管理方式的现代化，生产规模化、专业化、区域化等特征，表现出现代农业服务业与农业生产要素有机结合的趋势。发展现代农业服务业，通过市场化的方式将现代生产服务要素有效地引入农业生产，成为转变农业生产方式，提升农业生产效率的重要途径。

2. 现代农业服务业是推动现代农业适度规模经营的迫切需要

规模化是现代农业的重要特征，通过土地流转扩大土地经营规模，是提高农业生产效率，实现农业生产机械化、现代化的重要途径。同时，分散的农户根据自身状况和需求，通过选择不同的组织形式，构建现代农业经营主体，一方面获得专业化的服务，另一方面形成服务型规模经营，成为实现农业规模经营的重要途径。因此，发展现代农业服务业有助于丰富农业规模经营形式，让广大的农户能够充分参与到现代农业发展过程中，分享农业规模经营的收益。

3. 现代农业服务业是将农户纳入现代农业发展的重要途径

家庭联产承包的农业生产模式是我国当前主要的农业生产状况，这种农业生产模式符合我国人多地少的国情，但是随着现代农业的发展和城镇化的加快，农业劳动力减少、老龄化等问题日渐突出，分散的农户生产面临着越来越多的问题，一家一户办不好、办不了的事也越来越多。发展现代农业服务业，将普通农户纳入到现代农业生产经营组织中，为分散的农户提供专业化的服务，有利于将一家一户的农户小生产融入到现代农业大生产中，构建以家庭经营为基础的现代农业生产经营体系。

4. 现代农业服务业是促进农业增长和农民增收的有效手段

现代农业的重要任务之一就是农业增长、农民增收。发展现代农业服务业，集中采购农业生产资料，积极推广标准化生产，充分提高农业机械设备能力和效率，能够有效降低农业生产作业成本，大幅提高农业生产效率，提高农产品品质，促进农民收入增长。

5.1.3　现代农业服务业的发展途径

现代农业服务业是由一系列为农业生产各环节提供服务的行业组成，包括农资、农技、信息、流通、金融、保险等，是现代农业的重要部分，是农业现代化水平的重要标志。每一个行业都是一个复杂的系统，但是相对于现代农业发展需求而言，各个行业又是一个整体，这样才能发挥其重要的辅助和引导作用。因此，现代农业服务业的发展途径除了各个行业自身的独立发展之外，还可以采用企业自建、政府主导等多种方式，通过政府推动、市场牵动、龙头企业带动等手段，探索现代农业服务业与现代农业融合发展的途径。

1. 专业的现代农业服务商的发展

专业的现代服务商向农业领域延伸，通过专业化的服务与农业发展深入融合，从而形成专业的现代农业服务商，这是现代服务业专业化分工深化的重要表现，也是现代农业服务业与现代农业深入融合发展的目标。这一专业化发展途径由市场主导，以市场需求为导向，能够充分发挥市场配置资源的能力，从而实现现代农业服务业与现代农业的高效融合和发展。

2. 企业自建现代农业服务体系

每个企业由于自身发展规模、发展战略、发展现状不同，对现代农业服务业的需求也不尽相同。为了更好地满足自身企业的需求或者是更好地拓展企业发展战略,大型企业集团往往会根据自身发展需求来构建和布局现代农业服务体系。由于企业自身的资源限制,不可能构建全面的现代农业服务体系,企业往往会从自身需求出发来构建侧重某个领域的现代农业服务体系,主要有农技、信息、流通等服务。例如,大型的农产品生产集团为了保证农产品的品质,往往会自建物流服务体系、农产品物流服务网点,特别是生鲜产品的冷链物流服务体系。这种现代农业服务体系往往只服务于企业自身,而且对企业资源要求较高,因此只适用于少数大型的企业集团。

3. 政府推动建设和完善现代农业服务体系

我国现代农业服务业发展的市场机制尚不完善,现代农业服务业的发展离不开政府的推动和引导,特别是农业技术推广、农业金融等领域,因此政府推动建设和完善现代农业服务体系必不可少。政府推动和引导建设的现代农业服务体系主要包括农业技术推广体系、农资销售服务体系、农业贷款服务体系、农村物流服务网点体系等多个体系。

4. 大型电子商务企业构建的农业电子商务发展战略

农业信息服务业已经成为现代农业发展的重要推动力,农业电子商务是当前最重要的信息服务模式,它可以实现农业信息、农业技术、农业流通甚至农业物流等多种现代农业服务业的融合,因此是当前重要的现代农业服务业发展手段。除了直接从事农产品的电子商务交易服务外,大型电子商务企业构建的农业电子商务发展战略很大程度上正在促进和加快我国现代农业服务业的发展。我国当前的大型电子商务企业也都从农村物流网点体系、农村金融、农产品销售等方面,展开全面的建设和竞争。因此,通过市场机制鼓励和推动大型电子商务企业发展农业电子商务是促进现代农业服务业发展的重要途径。

5.1.4　现代农业服务业的政策支持

1. 国家层面的相关政策

1)中央一号文件

为了保证农业的稳定发展,促进现代农业发展,中央政府每年都会发布多项促进现代农业发展的相关政策法规,其中,每年的中央一号文件是重中之重,从 2012 年以来,中央一号文件特别强调农业现代化和现代农业服务业的发展,如表 5-1 所示。

表 5-1　近年来中央一号文件

发布时间	政策文件
2012 年	《中共中央　国务院关于加快推进农业科技创新持续增强农产品供给保障能力的若干意见》
2013 年	《中共中央　国务院关于加快发展现代农业进一步增强农村发展活力的若干意见》
2014 年	《关于全面深化农村改革加快推进农业现代化的若干意见》
2015 年	《关于加大改革创新力度加快农业现代化建设的若干意见》
2016 年	《中共中央　国务院关于落实发展新理念加快农业现代化实现全面小康目标的若干意见》
2017 年	《中共中央　国务院关于深入推进农业供给侧结构性改革加快培育农业农村发展新动能的若干意见》

从表 5-1 中可以看出,2012~2017 年的中央一号文件,从农业产业结构改革、农业科技创新等不同的角度为加快农业现代化、推动农业农村发展制定了相应的指导意见。

2)促进现代农业及现代农业服务业发展的相关政策

为了推进农业现代化,促进现代农业发展,国务院先后出台了相关的政策法规,其中,包括与农业现代化直接相关的政策,也包括与农业现代化发展相关的现代农业服务业的政策,特别是关于现代农业服务业的政策制定更加具体和具有实践指导意义。2016~2017 年国家层面主要的相关政策,如表 5-2 所示。

表 5-2　2016~2017 年现代农业及现代农业服务业的相关政策

发布时间	政策文件	发布部门	相关行业
2016 年	《国务院办公厅关于推进农村一二三产业融合发展的指导意见》	国务院办公厅	现代农业
2016 年	《农业部办公厅财政部办公厅关于做好 2016 年现代农业生产发展等项目实施工作的通知》	农业部办公厅、财政部办公厅	现代农业
2016 年	《国务院关于印发全国农业现代化规划（2016—2020 年）的通知》	国务院	现代农业
2016 年	《农村一二三产业融合发展推进工作方案》	农业部农产品加工局	现代农业
2017 年	《关于加快构建政策体系培育新型农业经营主体的意见》	中共中央办公厅、国务院办公厅	现代农业

续表

发布时间	政策文件	发布部门	相关行业
2015 年	《国务院关于促进快递业发展的若干意见》	国务院	农村物流
2015 年	《交通运输部 农业部 供销合作总社 国家邮政局关于协同推进农村物流健康发展加快服务农业现代化的若干意见》	交通运输部、农业部、国家邮政局等	农村物流
2016 年	《交通运输部办公厅关于进一步加强农村物流网络节点体系建设的通知》	交通运输部办公厅	农村物流
2017 年	《国务院办公厅关于创新农村基础设施投融资体制机制的指导意见》	国务院办公厅	农村金融
2017 年	《关于延续支持农村金融发展有关税收政策的通知》	财政部、国家税务总局	农村金融
2015 年	《国务院办公厅关于促进农村电子商务加快发展的指导意见》	国务院办公厅	电子商务
2016 年	《关于促进电商精准扶贫的指导意见》	国务院扶贫开发领导小组办公室	电子商务
2016 年	《关于开展 2016 年电子商务进农村综合示范工作的通知》	财政部办公厅、商务部办公厅及国务院扶贫开发领导小组办公室行政人事司	电子商务
2017 年	《商务部关于进一步推进国家电子商务示范基地建设工作的指导意见》	商务部	电子商务

从表 5-2 中可以看出, 2015 年以来, 国家为促进农业现代化发展, 从现代农业发展、三产融合等方面给予直接的政策支持, 同时又从农业物流、农业金融和农业电子商务等现代农业服务业角度给予大力支持, 特别是 2016~2017年从以电子商务为代表的现代信息技术的角度对传统农业结构升级和现代农业建设等方面进行全方面的政策支持。

2. 黑龙江省出台的支持政策

为了加快传统农业的结构改造和升级, 积极响应国家关于促进现代农业发展的倡导, 黑龙江省 2009 年以来先后制定和出台了相关的促进现代农业服务业发展的政策, 特别是加快农业电子商务发展等政策, 主要包括以下几个方面。

1) 促进现代农业发展的政策

为了加快现代农业发展, 黑龙江省政府从土地确权、合作社发展等多个方面制定了相关的支持和规范政策, 为现代农业的发展奠定基础。黑龙江省

2009～2017 年促进现代农业发展的相关政策，如表 5-3 所示。

表 5-3　近年来黑龙江省促进现代农业发展的相关政策

公布时间	政策文件	发布部门
2009 年	《黑龙江省农民专业合作社条例》	黑龙江省人大常委会
2016 年	《黑龙江省农村土地承包经营权确权登记颁证工作方案》	黑龙江省人民政府办公厅
2016 年	《黑龙江省人民政府办公厅关于引导和促进农民合作社规范发展的意见》	黑龙江省人民政府办公厅
2017 年	《2017 年黑龙江省现代农机合作社建设方案》	黑龙江省农委、财政厅（连续多年发布）
2017 年	《2017 年黑龙江省现代农机合作社增补部分农机装备方案》	黑龙江省农业委员会、财政厅（连续多年发布）

2）农业补贴政策

为了保证农业生产的稳定开展，黑龙江省根据国家农业补贴政策安排，制定相关的农业补贴政策，2017 年的主要农业补贴政策包括以下几个方面。

一是关于玉米和大豆补贴政策。从 2016 年起，国家将良种补贴、粮食直补和农资综合补贴"三补合一"，主要支持耕地地力保护和粮食适度规模经营，黑龙江省将继续实施农村耕地地力保护补贴政策。

二是关于农机购置补贴政策。2017 年，黑龙江省继续执行农机购置补贴政策，加强现代农机合作社建设，全面提高主要农作物全程机械化质量，推动现代农业发展。黑龙江省具体还制订了相关的补贴工作实施方案，包括《2017 年黑龙江省农业机械购置补贴工作实施方案》和《黑龙江省 2017 年农机报废更新补贴试点实施方案》等。

三是关于水稻最低收购价格政策。为保护农民利益，防止"谷贱伤农"，2017 年国家继续在稻谷主产区实行最低收购价政策。经国务院批准，国家发改委等五部委已经公布了 2017 年三等粳稻最低收购价格为每斤 1.50 元，每斤比 2016 年下降 0.05 元。

四是关于耕地轮作制度试点补贴政策。2017 年，国家继续在黑龙江省开展耕地轮作制度试点，要求重点在东北冷凉区、北方农牧交错区开展轮作试点。黑龙江省重点向三、四、五积温带倾斜，以种植大户、农民合作社等新型农业规模经营主体为主，组织开展耕地轮作制度试点。

3）促进农业电子商务发展的政策

为了更好地促进黑龙江省农业电子商务的发展，加快互联网信息技术在现代农业发展中的应用推广，黑龙江省政府部门相继发布若干个相关政策法规，具体如表5-4所示。

表5-4　近年来黑龙江省促进农业电子商务发展相关政策

发布时间	政策文件	发布部门
2015 年	《黑龙江省"互联网+农业"行动计划》	黑龙江省人民政府办公厅
2016 年	《黑龙江省加快农村电子商务发展工作方案》	黑龙江省人民政府办公厅
2016 年	《黑龙江省2016年电子商务进农村综合示范工作方案》	黑龙江省财政厅、商务厅、扶贫开发领导小组办公室
2017 年	《推动农村电子商务新增长点行动方案（2017—2020 年）》	黑龙江省商务厅
2017 年	《推动自建优势产品电商平台新增长点行动方案（2017—2020 年）》	黑龙江省商务厅
2017 年	《黑龙江省电商精准扶贫实施方案》	黑龙江省商务厅
2017 年	《黑龙江省2017年电子商务进农村综合示范工作方案》	黑龙江省财政厅、商务厅、扶贫开发工作办公室
2017 年	《黑龙江省自建电子商务平台基本规范》（试行）	黑龙江省商务厅

除此之外，为了更好地贯彻实施黑龙江省的电子商务进农村综合示范工作，黑龙江省多个地市也相继出台了配套的方案，包括桦南县、富裕县、海林市、肇源县、嫩江县、林甸县等多个县市都相继出台了电子商务工作实施方案，加快县域农业电子商务的发展。

4）促进现代农业服务业发展的相关政策

除了直接对现代农业发展的支持政策外，黑龙江省相关政府部门还对与农业发展相关的现代农业服务业相继制定并出台了相关的支持政策，主要是从金融、物流等方面对涉及农业发展的部分给予相关的支持，如表5-5所示。

表5-5　近年来黑龙江省促进现代农业服务业发展相关政策

发布时间	政策文件	发布部门
2014 年	《创新农村金融服务推进方案》	黑龙江省人民政府办公厅
2016 年	《黑龙江省农村承包土地的经营权和农民住房财产权抵押贷款试点实施方案》	黑龙江省人民政府办公厅

续表

发布时间	政策文件	发布部门
2016 年	《黑龙江省人民政府关于促进快递业发展的实施意见》	黑龙江省人民政府办公厅
2017 年	《黑龙江省农村物流网络节点体系建设实施方案（2017—2020 年）》	黑龙江省交通运输厅

从表 5-5 中可以看出，近年来黑龙江省多个政府部门对农村金融服务、土地承包经营、快递物流发展等制订了相应的规划和方案，深入推动相关服务业的发展。

5.2　黑龙江省农村基层组织提供的现代农业服务的状况调查

此次调研活动还对黑龙江省农户所在的村委会进行了调查，通过问卷调查和面对面访谈的方式，详细了解农村基层组织对现代农业服务的应用及提供情况。

5.2.1　农户的整体情况

此次共调研了 6 个村，家庭数最多的有 360 户，最少的有 60 多户，平均每个村有 240 多户，1000 多口人。农户年均收入 2 万元以下的有 2/3，另外 1/3 的农户年均收入在 2 万～5 万元。农户主要的农产品是玉米、大豆和水稻等传统农作物。农户自产农产品的主要销售方式是卖给粮食小贩，还有部分农户会选择国家收购和市场自销，采用互联网方式销售农产品的农户很少，几乎没有，农户的市场意识缺乏，尚未建立新型市场观念。

整体而言，此次调研的农村地区属于黑龙江省传统农作物的生产地区，而且农民的收入水平不高，主要的农业生产方式比较传统。农民希望改变现有的农业生产经营状态，借助现代信息技术和其他现代农业服务业改造传统农业，提高农业生产附加值，增加家庭收入。

5.2.2　农村基层组织对农户提供的现代农业服务的分析

1. 对农业技术指导和培训服务的分析

通过调研发现，对农户急需的农业技术指导及培训，村委会很少能够定期提供服务，其中，80%的村委会表示会偶尔给农户进行技术培训，这说明大多数农村基层组织已经意识到农业技术培训的重要性，但是还没有形成长期的、稳定的服务，没有形成常规性的制度；其余20%的村委会明确表示没有提供技术培训，这反映出有部分农村基层组织还没有认识到技术培训服务的重要性，需进一步提高认识。

此外，在农业技术推广的调研上还发现，所调研的村都没有农技推广站点，这在一定程度上影响了农村基层组织对农业技术服务的开展。

2. 对农业信息服务的分析

对农户关注的农业信息获取，20%的村委会表示会经常定期提供给农户相关农业信息，同时，40%的村委会表示偶尔提供相关农业信息，说明部分农村基层组织已经看到了农业信息对农业生产的重要影响，开始重视对农户的信息传递。但是仍然有40%的村委会表示不会提供农业信息，这反映出他们对农业信息重要性认识不足。

3. 对农业电子商务发展规划的分析

农产品的销售是农户最关注的重点之一，而利用互联网发展农业电子商务，开展农产品网络销售是其中的渠道之一。因此，在调研中关于是否有发展农业电子商务计划方面，60%的村委会表示有想过，但不知道怎么发展，说明农村基层组织已经意识到农业电子商务广阔的发展前景，但是由于缺乏引导和专业的指导而不知道如何着手。

在开展农业电子商务主要的阻碍因素方面，农户不知道如何开展网络销售是最主要的因素，其次是网上支付。可见，专业的网络技术培训是影响农业电子商务发展的重要因素。

4. 当地政府对信息技术应用的支持政策分析

黑龙江省各级地方政府为加快互联网信息技术在农业领域的应用，也都提供了各项优惠政策，本章专门对开展农业电子商务的支持政策进行了调研，其中税收优惠是最多的支持政策，其次是物流服务，与互联网直接相关的网络技术培训和网络营销技巧培训较少。调研还发现，有少数专业企业在从事农产品的网络销售，但是影响较小。

从以上分析可以看出，地方政府仍然以传统的税收优惠为主要的支持政策，而有利于农户开展网络经营的网络技术培训等政策却偏少。由此可见，地方政府的政策供给与实际需求之间存在差距。

5.2.3　农村基层组织对现代农业服务供给的建议

为了了解农村基层组织对现代农业服务的需求，本书对促进当地农业发展最需要的服务支持进行了调查。结果显示，准确的农业信息和农业技术指导是两项最重要的服务，与农户对现代农业服务的需求一致，说明农村基层组织与农户都意识到信息和技术在现代农业发展中的重要性，并且意识到准确的农业信息和农业技术指导是保证农产品市场供给与农产品质量的重要前提。因此，准确的农业信息和农业技术指导应该成为现代农业服务的重点。另外，便捷的农业信贷和有效的农产品销售也是需要更多服务支持的领域。

此外，各个村委会就当地的现代农业发展提出了相关的建议，包括建立和完善农业技术推广站点；继续实施农产品保护价；培育农业合作组织，扩大农业生产规模；增加经济作物的种植安排等。这些建议也从侧面反映出农户对现代农业发展的需求，特别是对市场信息及对政府相关支持政策的需求。

通过上文的分析可以看出，以村委会为代表的农村基层组织在农业技术培训、农业信息提供等方面已经有了初步的服务意识，但是还远远不能满足农户的需求。另外，在网络信息技术规划和应用方面严重滞后，不能将先进的互联网思想和经营意识纳入到当地的农业生产中。最后，地方政府传统的支持政策与农户对网络信息技术需求之间存在较大差距，地方政府需要转换思路，提供农户急需的政策支持。

5.3　黑龙江省现代农业服务业供需矛盾分析

1. 农户的小农生产观念与现代农业服务业市场化之间存在矛盾

农户主要依靠自身经验安排农业生产经营活动,缺乏市场参与意识。同时,从调研中可以看出,农户的农业生产经营往往存在跟风现象,依靠自身经验、效仿他人、跟随熟人制订农业生产计划,往往忽略市场需求信息,结果常常导致农业丰收不增收。现代农业与现代农业服务业要实现深度融合,必须完成市场化改造,遵循市场规律。农户自给自足的小农生产观念必然影响现代农业的规模化、现代化、市场化运营,与现代农业服务业的市场化运作规律也不相符,两者之间必然存在矛盾。农户缺乏市场化观念,对市场需求反应不灵敏,必然影响对现代农业服务业的需求和应用。

2. 政府提供的服务与农户的需求之间存在差距

地方政府虽然为现代农业的发展提供了多种服务和支持,但是在信息提供、技术指导等相关农业服务领域尚未发挥应有作用。特别是地方政府在农业信息提供、农产品物流、农业技术指导等方面几乎不提供服务,或者提供的服务不能满足农户的需求。由于农业生产领域还没有完全实现市场化,对于关系国计民生的农业生产,政府仍然需要承担相应的责任,特别是分散的农户对政府政策具有更高的依赖性和信任度。因此,地方政府应该在农业信息、农业技术指导等领域发挥引领作用,带动和激励农户逐步走向市场化发展。在物流服务方面,农产品物流难度大、市场分散,企业难于提供完善的服务,特别是在农村地区物流网络很不发达,因此需要地方政府承担相应的职能,提供必要的服务。

3. 网络信息技术的普及与农户真正掌握应用之间存在差距

从上文可以看出,农户已经有了互联网意识,并且具备了应用互联网及移动互联网的基本能力,但是从应用的程度看,仍然处于仅仅会上网、查找资料等简单的初级水平,还没有深入应用互联网的能力。同时农户对互联网提供的农业生产深层次服务尚未真正认知,并存在一定的疑虑。因此,需要深入宣传、推广网络信息技术在农业领域的应用,并且引导农户真正掌握和应用网络信息技术，为现代农业发展服务。

4. 移动互联网服务的缺乏和农户对移动互联网服务需求之间存在差距

随着智能手机和网络的普及，农户应用网络信息技术的主要渠道由电脑终端转向以手机终端为载体的移动互联网。从上文调研可以看出，农户希望并且非常愿意通过手机微信等新型通信形式获得农业市场信息和农业技术指导等服务，对移动互联网服务有很大的需求。但是当前地方政府或相关部门提供的相关服务还没有将移动互联网作为重要的接口，因此造成了农户对移动互联网服务的强烈需求与供给缺乏之间的矛盾。

5. 专业的现代农业服务商缺位与现代农业发展需求之间存在差距

农业产业结构升级及现代农业的建设和发展，离不开快捷的信息支持、深入的技术指导、专业的物流服务及现代网络信息技术的支持，所有这些服务不可能由农户自己来完成，也不可能完全由政府来提供，因此，只有借助专业的现代农业服务商来实现。调研发现，农户有强烈的专业化服务的需求，同时农村基层组织也有开展专业农业信息服务的意愿，特别是开展农业电子商务的意愿，但是由于缺乏专业化的指导和服务，没有专业的现代农业服务商提供相关服务，现代农业服务不到位，影响和阻碍了现代农业的发展。

5.4　促进黑龙江省现代农业服务业发展的建议

1. 普及现代农业生产思想，建立农户现代生产经营观念

现代农业的发展需要实现农户现代化的转变，特别是农户现代生产经营观念的转变，农户现代生产经营观念不仅是农业科技推广的前提和基础，而且对农业现代化的推进有着直接的影响。农户现代生产经营观念的建立应该包括由自给自足的小农生产向市场化发展转变的生产观的建立、由注重农产品产量向注重农产品品质转变的商品观的建立、由简单的生产技术向经营管理转变的学习观的建立。这种观念的转变和建立不是一蹴而就的，需要进行长期的宣传、培训和引导。因此，需要从完善农村的教育服务网络、改进农户培训内容、发

挥行政引导作用等多方面展开。

2. 以村、镇、县为单位，提供有针对性的现代农业服务

黑龙江省农户具有典型的群体性特征，同一个区域的农户在农业生产资料配置、农业生产安排及农业服务需求等方面具有高度相似的特性。同时，农户在农业生产经营过程中有学习、效仿的惯性。因此，在开展现代农业服务时应该以村、镇、县为单位来制订整体的发展计划，同时以典型农户为代表来引领和推进相关工作，从而最大限度地提升现代农业服务的推广效率。

3. 充分发挥地方政府的引领作用

无论是在农业信贷、农业技术推广方面，还是在农业信息宣传等方面，地方政府在农户的农业生产中都具有重要的影响力，并且农户对政府的相关优惠扶持政策也都有很高的期望。因此，在农业信贷、农业技术推广和农业信息宣传方面，地方政府应该充分发挥引领作用。在农业信贷方面，制定更加合理、便捷的贷款流程，进一步方便农户；在农业技术推广方面，建设和完善农业技术推广站点，鼓励农业技术专业人员定期对农户进行培训和指导；在农业信息宣传方面，及时、准确地发布农业市场信息和政策信息，指导农户开展农业生产，同时适当地推出农业预警信息服务，提示农业生产风险，提高农户市场参与意识。

4. 加快移动信息技术在现代农业生产中的应用和推广

黑龙江省农村地区网络基础设施不完善，导致网速慢、网络使用不便等问题，一定程度上制约了信息技术等新型现代农业服务业的发展和应用。但是随着移动信息技术的普及，特别是以手机为代表的移动互联网的发展，给广大的农村地区的信息交流和获取带来了极大的便利，同时将电子商务、移动电子商务等新型商务模式延伸到了农村地区。移动通信技术不仅能够克服当前农村地区网络技术设施落后的困难，其便携、简单、易用、随时随地使用的特性还容易使农户接受和使用。现代农业的发展离不开信息技术的推动。因此，应加快移动信息技术在现代农业生产中的推广和应用，特别是在农业信息传递、农产品供应链管理、农产品网络销售、农业技术推广等领域的推广和应用。

5. 深化现代农业服务业分工，大力发展专业的现代农业服务商

黑龙江省农村地区已经有农业信贷、农业物流和农业技术指导等服务，但是其服务的便利性、及时性、专业性还远远没有满足农户的需求。因此，农户的满意度普遍偏低，为了改善这种状况，应该大力发展专业的现代农业服务商，由具有专业技术、专业设备和专业技能的服务商来提供专业的服务，农户只要安心做好农产品种植、生产、管理即可，其他与农业生产相关的服务都有专业的服务商来提供，这样不仅能极大地提高农业生产效率，提高农业生产附加值，还能加快传统农业向现代农业发展，加快农业产业结构升级。根据农户需求可以大力发展专业的农产品物流服务商，提供专业化水平的农产品物流服务。发展更加专业、便捷的农业信贷服务，引导农户使用网络小贷等新型贷款服务。发展农产品网络销售服务商，帮助农户更好地实现农产品的网络销售。

第6章 "互联网+"背景下黑龙江省现代农业服务业发展路径分析

现代农业服务业与现代农业之间关系紧密,包括的行业众多,从农业生产前的市场信息获取、种子研发、农资物品采购,到生产过程中的田间管理、病虫害防治,到农业生产后的农产品市场推广、销售及与现代农业相关的观光旅游等,每个环节的参与者众多,相互间的联系错综复杂。因此,现代农业服务业的发展需要从不同角度、不同层面来展开。

6.1 黑龙江省现代农业服务业的技术发展路径

信息技术是现代农业发展的根本动力,也是现代农业服务业的重要特征,在当前以互联网为代表的现代信息技术快速发展和普及的背景下,信息化的技术发展路径是现代农业服务业的必由之路,也是推动农业现代化进程的重要动力。

6.1.1 现代农业信息服务业发展路径

信息服务业是随着信息化活动的推进及信息产业的发展而逐步形成的新的产业形态。随着信息通信技术的广泛应用,人类经济社会正在进行重大的结构性调整和转型——从工业社会迈入信息社会。在此过程中,信息技术驱动的信息化在经济社会发展中的应用越来越广泛和深入。尽管国内外对信息服务业还没有统一的定义,但是一般来说,信息服务业是指利用计算机及通信技术等现代科学技术进行的信息生产、信息传递、信息处理、信息存储,以及信息检索和利用,并将信息处理的结果以产品的形式提供给用户,解决用户问题的社会经济活动。

现代农业信息服务业是为了满足现代农业发展需要而进行的信息生产、传递等活动,其服务对象是现代农业。从信息服务业的内容来看,现代农业信息服务业应该包括现代农业领域需要的系统集成服务、现代农业增值网络服务等,要实现这些服务领域的发展,需要通过政府推动、市场牵引和龙头企业带动的综合路径来实现。

1. 政府推动构建农业信息服务体系

信息服务业的发展主力大都集中在城市,同时众多的农业科研机构也都集中在城市地区,发展现代农业信息服务业需要将集中于城市的信息服务业向农村地区输出,现代农业信息服务业的发展离不开政府的支持和推动。因此,以政府政策形成"推力",积极推动城市信息服务商向农村地区提供市场信息、农业研发、农业生产技术指导等方面的专业信息服务,以及推动建设农业信息综合服务平台。同时,在农业生产中加强信息技术的推广应用,提高农业生产的附加值,切实推动农业生产的产前、产中和产后的信息集成,加快农业现代化的进程。可以从以下几点着手。

第一,加强信息技术的应用推广。高效且全覆盖的现代农业信息化服务是实现农业现代化的重要条件和前提,因此要积极开展智能农业育种、育苗研发,开展农业物联网应用试点,开发品牌、绿色有机等农作物的精细化培育和种植,提高农业生产的附加值。

第二,加强农业信息推送,完善农业信息服务体系。在农业信息推送领域,放弃传统的单一农业信息推送服务内容,利用互联网技术特别是移动互联网技术,完善农业信息服务体系,实现从天气预报到病虫害预警、从幼苗培育到施肥选择、从种子遴选到入库检查等覆盖农业生产各个环节的全方位农业信息服务内容的推送。

第三,利用互联网等信息技术,构建农业检验检测信息体系。利用互联网、移动互联网、物联网等信息技术手段,初步建立农产品安全领域分级标准,重点突出食品安全检测,打造现代农业安全领域的全球标杆与品牌形象,推动农业现代化与转型升级，同时构建全程标准化、智能化的跟踪查询体系。

第四，建设农业信息综合服务平台。通过各级政府的农业主管部门，将各地的农业生产、农产品供求及农业生产技术需求和培训等信息进行综合集成，实现区域内的农业信息整合，加强农业信息的沟通交流，提高农业生产经营的效率。

2. 市场牵引发展农业技术信息服务

经营粗放、质量不高、效益低下一直是传统农业的弊病，推进农业发展由传统生产向商品化生产转变，由数量规模增长向质量效益提升转变，由粗放经营向集约经营转变的背景下，现代农业对农业技术信息服务提出了更高要求。而最具活力的技术服务应该通过市场资源来配置，因此农业技术信息服务需要通过市场的主导来实现，特别是通过信息技术构建"互联网+农业"科技服务模式来更好地实现。

农业技术信息服务涉及从农田到餐桌的各个环节，覆盖面广，涉及领域繁杂，因此需要通过市场机制主导和带动农业技术信息服务由城市向农村转移，特别是通过创新服务形式，推动农业技术信息服务发展。农业技术信息服务企业创新经营模式，提供多种农业技术信息服务，特别是通信企业和互联网企业，可以借助其信息推送服务，将农业生产、经营和市场信息进行及时推送。

需要把握以下三个着力点：一是要依托大城市的技术优势，鼓励高校和科研机构参与都市农业建设，建立农业科技联盟，加强科研成果的转化，通过市场力量实现农业科技的推广和应用；二是信息技术企业在云计算和大数据进行系统设计与架构的基础上，积极打造农业科技服务云平台，包括农技推广、科技创新、成果转化推广等，打通农业技术信息服务的最后环节，实现移动互联互通，为广大农民和各类现代农业生产经营主体提供精准、及时、全程顾问式的农业技术信息服务；三是鼓励中小企业进行农业技术信息服务的创新，通过多种形式输出农业技术信息服务。

3. 龙头企业带动发展农业销售信息服务

农产品的销售服务是现代农业信息服务业的重要组成部分，在"互联网+"的背景下，借助互联网销售农产品是一种典型的农业销售信息服务模式。农产品销售的难度较大,因此需要以龙头企业为代表来带动农产品销售,通过龙头企业的规模化、专业化的农业生产经营带动农产品的市场销售,活跃农产品市场。在具体实施过程中,龙头企业作为城市专业化服务企业和农村的纽带,能够积极将农业相关服务外置化,拉长农业的产业链条,推动现代农业的发展。

可从以下两个方面着力:一是加大对农业产业化龙头企业的扶持力度。提高农业龙头企业的服务能力和影响能力,进一步加强龙头企业在农业产业化服务中的骨干作用。不断完善龙头企业和农户的利益联结机制,带动农户和农业产业链各环节的技术进步与应用,推动农业产业化经营。二是培育新型农业经营主体,积极发展新型农民、农业企业、农村合作经济组织、家庭农场和农业服务组织。新型农业经营主体具有更强的创新意识和参与意识,能够更加积极参与到龙头企业的产业链中,参与到农产品市场供求中,实现农业信息的高效流通。

6.1.2 黑龙江省农业电子商务发展路径

黑龙江省农业生产具有得天独厚的自然环境,绿色农产品在全国具有很高的知名度,但是由于农业生产经营的市场意识较弱,农产品市场推广不足,农业生产经营中常面临着市场信息匮乏、技术指导服务不足、农产品市场销售不佳等问题。现代信息技术的普及,特别是电子商务在各个领域中的应用,为黑龙江省农业发展带来了新的发展契机,电子商务的发展为现代农业提供了新的发展路径。

1. 政府推动农业电子商务产业园区建设

黑龙江省农业电子商务起步晚、规模小、很多配套设施不健全,因此可以借鉴工业园区建设经验,建设农业电子商务产业园区,提供完善的软硬件基础设施和配套服务,拓展农业电子商务产业链,降低企业经营成本,逐步形成电子商务集聚效应,并且逐渐形成带动效应,带动和影响周边区域农业电子商务发展。

2. 培育壮大农业电子商务经营主体

黑龙江省的农业经营主体一般规模较小、较为分散、市场经营能力不足。

因此，要想方设法培育和壮大农业电子商务经营主体，其中，包括培育电子商务网站建设服务商、网络市场推广服务商、代理运营商等直接服务于农业电子商务的主体。此外，重点培育一批农业电子商务龙头企业，重点打造一批黑龙江省的区域性优势农业电子商务平台，支持黑龙江大米网、北大荒购物网等电子商务平台做大做强，引导农业企业、农产品批发市场、农民合作社等新型农业经营主体以互联网、移动互联网等形式拓展经营渠道。同时，通过电子商务信息平台提供人员培训、技术支持等专业化服务，丰富农业电子商务市场主体和服务内容。

3. 引入知名的综合型电子商务平台

农业电子商务平台的经营需要大量的网络平台流量做基础，小众的电子商务平台虽然有自身的特色，但是在用户流量上不具备优势，往往需要经过长期的积累才能够得到一定发展，而知名的综合型电子商务平台具有强大的流量优势。因此，黑龙江省在发展农业电子商务过程中，应该注重引入知名的综合型电子商务平台，通过建设旗舰店、地方馆等多种形式开展农业电子商务业务。

4. 发展本地特色农产品电子商务平台

结合黑龙江省农产品绿色健康的特色，支持本地特色农产品电子商务平台建设，打造一批优势农产品电子商务平台品牌。将黑龙江省地域公共品牌建设与企业市场品牌打造相结合，从产品标准化建设、安全体系建设、质量体系建设和追溯体系建设入手，提升特色农产品的质量和竞争力，发挥黑龙江省农产品和绿色有机食品、林下产品在全国的影响力，培育一批具有竞争优势和黑龙江省特色的农产品电子商务品牌，提高黑龙江省农产品电子商务在全国市场的占有率。

6.2　黑龙江省专业第三方现代农业服务商的市场发展路径

现代农业服务业是专门为现代农业生产经营提供服务的行业，一般包括为农业生产者提供信息与技术服务、政策咨询服务、金融服务、营销服务、农资服务、农机服务、供销服务、气象服务、加工服务、水利服务、收割服务等专业服务的行业。现代农业服务业要立足传统农业服务业,引入现代化的新技术,改变提供服务的方式方法,创新服务的形式,提供规模化、高质量、高效率的服务,满足不同层次需求。传统农业服务业的部分服务环节可以通过专业第三方现代农业服务商提供,既能降低自己承担服务的费用,又能获得更专业化、高质量的服务。

专业第三方现代农业服务商是指脱离了生产关系所包含的生产者,即独立的且没有农业劳动对象使用权的一方,为农业生产关系中的生产者专门提供现代农业服务的企业。基于我国农业的现状,通过市场方式大力发展第三方农业服务机构,将使我国的农业发展实现大幅度的提升,有效避免生产者素质导致的农业资源利用率低、农业技术进步缓慢、农业可持续发展能力弱等问题。从提供服务的内容和当前的农业劳动对象生产加工过程的实际情况看,专业第三方现代农业服务商可以大致分为针对农资产品服务和非农资产品服务及综合类服务三大类。

6.2.1 发展专业的农资产品第三方现代农业服务商

农用物资简称农资,一般是指在农业生产过程中用以改变和影响劳动对象的物质资料与物质条件,如农业运输机械、生产及加工机械、农药、种子、化肥、农膜等。在传统农业生产过程中,农资往往是通过传统渠道批发商、零售商搭建的销售渠道完成销售,现代农业发展的结果是这种传统销售模式必将消亡,以往从事农资销售的机构都会转行投身农业服务公司,从事提供农业服务的工作。例如,专门的插秧公司、专门的打药公司,甚至会有农业医院,为种植业提供病变诊疗服务。这种提供专业的现代农业服务企业,可称为专业第三方现代农业服务商,是专门为适应现代农业发展需要产生的,由非农民承担的面向现代农业生产,提供专业化的农资农技等服务的服务企业。

专业第三方现代农业服务商的崛起源于农资行业背后商业逻辑的变革。传统的商业销售立足点认为农业生产中需要的农资,其使用者应该是农民。源于这个出发点,农资销售的核心是农资生产企业联合各级经销商想尽各种方法把生产出来的农资产品销售出去,卖给农民。在这个产业链上农民作为产业链的末端,对厂家和各级经销商并不友好,各级经销商和上级企业之间也会因为利益分配不均影响产业链团队结构的稳定性,加之传统市场环境下,信息的闭塞、行业运作的僵化,导致行业发展缓慢。随着信息技术的发展和应用普及,特别是智能手机的普及,各种互联网技术被引入到农资行业,原来相对封闭、信息不畅通的农资行业随即被打破,产业链的变革正在酝酿。

在传统农业向现代农业发展变革过程中,有远见的企业会重新认识农业生产,重新审视农业生产过程中发生的两个变化,一是农资使用者不应该是农民而应该是作物,二是农民会发现自己不仅可以从事农业,也可以转变角色,从事其他行业,实现家庭增收。不管是哪种变化其宗旨都是让农业劳动对象效率、效益最大化,围绕这个主题,各类专业第三方现代农业服务商会根据以往的销售模式和农业市场客观条件,完成业务模式的转型。

专业第三方现代农业服务商在提供农资产品过程中,也要提供针对农资产品使用的农技服务。针对农资产品提供农业服务的专业第三方现代农业服务商根据业务内容不同,可分为不委托、半委托和全委托三种方式。

1. 不委托

不委托是指专业第三方现代农业服务商在提供农资产品的过程中,还提供农资产品的使用指导。当前黑龙江省农村地区的农资产品销售几乎都是当地一些有市场经营理念的农民在从事自家土地农业生产过程中,成为某一个品牌的农资当地经销商,利用自己对当地情况的熟悉,进行相关农资产品销售的同时也提供一定的农技服务。农资当地经销商帮助农民解决农业生产过程中的实际问题,并且和农民形成了良好的情感关系,从而促进农资产品销售。但是,这种形式受限于物力、财力,缺少专业的管理经验,无法实现公司化运作,提供的农资指导仅限于农民自己的生产经验,很难获得规模效益。同时,随着竞争的加剧,这种专业化程度较低的第三方现代农业服务商缺少竞争力,淘汰的可能性很高。因此,在今后的发展中,可以借鉴这种模式,但是需要从经营规模、经营规范性及科学管理等方面入手,设立企业,通过科学化的管理来提升企业发展规模,并且提供更加科学、规范的农业技术指导。

2. 半委托

半委托是指农业生产过程中的某个环节委托出去,由专业第三方现代农业服务商完成。在农业机械化服务领域，由于农作物生产的季节性，农业机械很难在一个区域内连续作业，这就导致农业机械的利用率不高，在黑龙江省农业机械租赁服务较少，即使有需求供给也很少。因此，可以在机械化运作领域采取半委托的方式，由专业的机械租赁服务商来完成。专业的服务商可以根据我国南北方地区农作物的生产差异来实现流动式的作业，如辽宁省的收获季节比黑龙江省北部的收获季节要晚一个多月甚至更长，完成东北的收割服务后，随即奔赴南方刚刚能赶上南方地区的农作物收割。一台收割机一年的使用率达到最大化，既降低了农民自主收割成本，提高了收割效率，又提高了农业生产的机械化水平。但是这种方式对服务商的要求较高，要求其能够科学、合理地安排各地的作业环节。

3. 全委托

全委托是指在农民生产过程中提供全程解决方案，包括从农资选择、农资使用、生产过程管理甚至到实现销售的全套解决方案。这种全委托可以有两种操作方式：一种方式是农民把农业劳动对象——土地或生物等的使用权临时让渡出去，这样让渡出来的大量的劳动对象可以实现规模化、专业化生产管理，让农资能更好地应用在农业劳动对象上，实现产出效益最大化。目前已有专业的农机合作社，通过采用统购生产资料、统一机械化耕种的方式，降低了农资的采购成本和种植管理成本。

另一种方式是农民不让渡农业劳动对象的使用权，而是通过购买相关的农资产品获得专业的农业服务商提供的生产过程中的全套解决方案，或者直接购买相关的专业化指导服务。例如，山东丰信农业服务连锁有限公司（以下简称丰信农业）成立于 2008 年，是中国第一家通过商务部特许经营备案的向种植者提供全程种植服务的农业服务企业，以农业服务为核心，专注种植服务最后环节。丰信农业首创的"点商+店商+电商"的现代农业服务 O2O（online to offline，线上到线下）新模式，利用互联网、连锁门店、终端服务团队向家庭农场、种植公司、专业合作社和农民等农业种植者提供全程种植专业服务。丰信农业通过旗下运营的丰信网、丰信 APP 和近百家丰信体验店、分布在各地的村级服务点，让服务对象可以随时了解公司、了解产品、多渠道下单、互动分享、解惑答疑，让农业生产更容易。目前，丰信农业已研发上市十余种农作物高产栽培整体解决方案，推广应用近百亩，在增加产量、提高品质、省工省时上效果明显。农民只需按照高产方案的要求操作，就能省去买农药化肥的麻烦。高产方案的简便和有效降低了零售技术的限制，让普通农民都能轻松利用农资，提高了连锁模式的可复制性，成功破解了传统农资连锁技术复制的难题。这种全委托的方式技术性要求比较高，目前农业行业中全程解决方案提供统防统治的都属于全委托方式，但是，这种全委托提供负责销售的服务比较少。

黑龙江省是农业大省，有较多的专业现代农业服务需求。目前黑龙江省针对农资产品提供专业第三方现代农业服务的服务商多数处于不委托、半委托阶段和全委托的第一种方式，缺少处于全委托的第二种方式。很多农资公司所谓的专业服务，其服务的目的是促进本企业的产品销售，而非以提高农业劳动对象效益为目的。从市场发展格局看，未来农资产品专业第三方现代农业服务商的蓬勃发展是现代农业发展的必然结果。

6.2.2　发展专业的非农资产品第三方现代农业服务商

为农户提供非农资产品的专业第三方现代农业服务商，其服务内容主要包括培训服务、信息咨询服务、金融服务、物流配送服务和休闲服务等非农资产品服务，因此需要从以下几个方面大力发展专业第三方现代农业服务商。

1. 发展专业的农业培训服务商

新型职业农民培育已成为我国经济长久发展的基本战略，加强农业职业教育与培训，培育新型职业农民与农村实用人才是现代农业发展的坚实后盾。尽管黑龙江省农业从业人员逐年减少，农业从业人员占乡村从业人口比例逐年降低，但是 2016 年乡村从业人员仍占全省人口的 25.14%。

农村互联网尚未普及，采取的培训方式只能是课堂授课和现场培训，尽管这种培训方式能实现农业从业人员和专业技术人员的直接交流，保证本次培训的学习效果，但是这种培训方式时效性差，无法快速解决田间生产实践中随时发生的问题，制约了农业新技术的推广，无法实现持续性培训。智能手机时代，微信沟通方式的流行，让农技培训方式出现了新的变化。由于农业培训服务的经济效益不明显，政府需要大力推动和支持，定期举办农民手机应用技能培训，邀请电信专家开展农民手机应用技能培训讲座,提高农民利用手机发展生产、便利生活、增收致富的能力,同时采用网络直播方式,扩大培训的受众面。此外,政府可以适当给予一定政策优惠,鼓励相关企业积极参与到农业培训服务的领域中。

2. 发展专业的农业信息咨询服务商

农业信息咨询服务涵盖农业信息传播服务和农业信息指导服务。农业信息是国家的重要信息资源,是广大农民及时、全面了解国家、省区市各级领导机构制定的农村各项方针、政策的窗口,是农民致富增产的重要依据,是农民完成自我农技提高的重要途径。随着现代信息社会高科技的发展、互联网的普及和农民群众生活水平的大幅度提高,农民在从事农业生产过程中势必需要通过正规渠道获得全面、详细、专业的农业信息,甚至需要专业的农业信息指导。农业信息咨询服务已经渗入到广大农民群众的生产、学习和生活中,对加快农业信息化建设,大力发展现代农业,促进农业现代化具有重要意义。

在互联网尚未普及时,农民获得农业信息的主要途径是集中推广和大众传播两种方式。为满足现代农业发展需要,适应信息时代的特点,应建立健全通过网络提供农业信息的信息服务体系。让广大乡村从业人员能够通过网络信息平台,及时掌握有关农业政策、农业知识、市场、劳动用工等方面的农业信息,不断增强广大农民群众发家致富的能力,确保农业增产和农民增收,扎实推进新农村建设,促进农业现代化的发展。

3. 发展专业的农村金融服务商

理论上农村金融应当包含一系列内涵丰富的金融产品和服务,如储蓄、信贷、结算、保险、投资、理财、信托等金融产品,以及与之相对应的金融服务体系。农业要想发展,实现转型,离不开资金的支持,特别是发展现代农业,资金更显重要。所有农业发达的国家发展现代农业的成功经验都足以说明,只有充分利用金融的支持,通过高效的市场化金融机制,实现资源在农村的有效配置,才能真正地推动农业发展,完成传统农业向现代农业的转型。

早在"十一五"期间全国的农村金融改革就已经开始,黑龙江省现代农村金融服务体系已经初步形成,主要由农村信用社、中国农业发展银行、中国邮政储蓄银行、新型农村金融服务机构及新兴的互联网金融服务机构组成。其中，农村信用社在立足服务"三农"基础上，积极拓展服务领域，创新服务品种，增加服务手段，增强服务功能。中国农业发展银行按照国家的法律法规和方针政策，承担农业政策性金融业务，代理财政支农资金的拨付，为农业和农村经济发展服务。中国邮政储蓄银行建立"三农"金融事业部，打造专业化为农服务体系。该金融服务体系具有多层次、覆盖广、服务水平高等特点。但是面对数量庞大、需求众多的农业经营者，这些金融服务体系还不能满足现代农业发展需要。因此，需要从市场角度创新农业金融服务体系。

1）大力发展新型农村金融服务机构

为了缓解现代农业发展总需求与农村金融服务机构总供给的矛盾、"三农"需求结构多样化与金融服务功能同质化的矛盾、农村地区闲置资金充裕与金融机构使用效率低的矛盾，发展新型农村金融服务机构已迫在眉睫。其中，利用新型农业经营主体来自发成立农村金融服务机构成为创新的重点，主要包括创新农民合作社、创新农村合作金融公司、创新农业金融租赁公司、创新发展村镇银行、创新发展农村商业银行等。其中，农民合作社利用相对富足的民间资本，进行规范管理和监督能够一定程度上解决现代农业发展中农民贷款难、贷款慢的难题，但是需要不断地规范和监督，以保证这些金融服务机构能合法合规地运行。同时，可以通过农业金融租赁公司的形式，为农业生产提供基础设施租赁等服务，为农业产业链的各个环节提供相关金融服务。新型农村金融服务机构的发展为难以获得银行贷款支持、长期需要依靠民间高息借款的部分农户及农业经营主体提供了新的融资渠道，为农村金融服务提供了发展新思路。

2）引导互联网金融服务机构发展

电子商务的普及和"互联网+"时代的来临，正深刻影响甚至颠覆各行业的发展模式。"互联网+"不仅改变了农民的生活模式、消费模式，还改变了农村的金融服务模式。农村互联网金融是农村、互联网和金融服务相结合的产物。互联网的跨时空性、信息传递的低成本性、业务覆盖渠道开拓低成本性等优势，使互联网金融可以快速地覆盖农村金融市场，并以灵活的服务方式、多层次的业务内容填补了农村金融服务机构的空白，弥补了传统金融服务机构的不足。目前，提供互联网金融服务的主体主要有传统金融服务机构、电子商务企业、"三农"服务商和 P2P（person to person，个人对个人）平台四类。

第一类是传统金融服务机构利用互联网打造新的农村金融服务模式，建立以传统服务站为基础，以电子商务为手段的新型农村金融服务模式即"服务站+网站"模式，为现代农业的发展提供更加便捷的金融服务。第二类是电子商务企业通过互联网面向农村市场提供金融服务，典型代表是阿里巴巴的蚂蚁金融服务中的网商银行提供的"旺农贷"——专门面向全国广大乡镇农村地区用户的纯信用互联网贷款产品。这类涉农金融服务速度快、效率高，能较快地满足农民的需求，但是农户对这类服务的接受程度不同，一定程度上影响了该模式的推广。第三类是"三农"服务商借助自己的传统业务渠道提供金融服务。典型代表如北京大北农科技集团股份有限公司的"农银贷"和新希望集团有限公司的"惠农贷"等都是通过搭建互联网平台面向全国农户提供金融服务。第四类是 P2P 平台提供农村金融服务。P2P 平台本身不是借贷主体，而是信息服务者、信息撮合者及风险控制者，为大众提供低门槛、能触及、低成本、高效率、安全可靠的投融资新渠道，满足借贷用户的资金需求。

我国已经初步构建了面向农业发展的金融服务体系，并且主体多元化，可以初步满足不同层次、不同领域、个性化的农村金融服务需求。但是业务内容主要集中在贷款业务上，而农村市场的租赁、保险等金融服务亟待满足。因此，相关领域的农业金融服务体系尚需大力发展。

4. 发展专业的农业物流配送服务商

由于农产品物流复杂，物流过程包装难、装卸难、运输难、仓储难，并且具有很强的季节性，农产品物流配送环节成为影响现代农业特别是农业电子商务发展的关键环节。由于农村的基础设施薄弱，交通设施远远落后于城市地区，农民和农业生产经营者多采取自给自足的方式来完成农业物流配送环节。但是随着现代农业的发展及"互联网+农业"的普及，这种自给自足模式已经远远不能满足农业生产的市场化需求，因此需要建设专业的农业物流配送服务商模式，由专业的第三方物流配送服务商来完成农业生产经营过程中所需的物流配送服务,特别是在农产品销售领域更需要引入专业的第三方物流配送服务商。根据农业生产的特殊性,特别是农产品易腐、难以配送的特性,专业的第三方物流配送服务商的建设可以参考以下几个方面。

首先,由传统的农业仓储运输企业转型为市场化运作的农业物流配送服务商。特别是我国原来国有的一些大型农业仓储运输企业,它们拥有较为完善的农产品运输、仓储的基础设备,同时拥有较强的资金实力和技术实力,能够有效地完成大规模农作物和农产品的物流工作。

其次,鼓励和支持专业第三方物流企业向农业领域延伸拓展物流配送服务。这类企业一般具有较好的现代企业管理理念,同时拥有丰富的物流运作经验和相关专业人才,具备拓展业务的专业知识和技能。如中国邮政拥有完善的农村物流配送服务网络,具备开展农村物流配送服务的便利条件,因此需要积极创新经营模式,逐渐适应现代农业发展需要,不断拓展农村物流配送服务。除此之外,政府部门需要通过优惠的政策措施对第三方物流企业加以鼓励和引导,从而通过市场化的运作手段实现农业的高效发展。

再次,积极鼓励和辅助大型电子商务企业完善物流配送服务网络。农业电子商务的物流配送需要多方的协调和配合,大型电子商务企业的农业电子商务战略规划为农业物流配送服务提供了良好的市场入口。因此,积极鼓励并配合大型电子商务企业拓展农业物流配送服务网络是迅速提高农业物流配送服务的重要途径。

最后,政府相关部门应该积极推动各县市以市场化运作方式整合区域内的邮政、物流、电子商务、传统商贸企业的物流配送资源,实现网络、设施和信息的共享衔接。支持物流快递公司合作组建物流配送中心,通过集中统一分发等方式降低物流成本。引导农业电子商务企业、农民合作社、农产品加工企业等创新思路,采用竞争性竞价降低物流成本。支持各地利用村邮站、交邮合作站点等邮政、交通资源,开展农业电子商务物流配送。

5. 发展专业的休闲农业服务商

休闲农业是利用农业资源,发展休闲、旅游的一种新型农业生产经营形态,也是深度开发农业资源潜力、调整农业结构、改善农业环境、增加农民收入的新途径。休闲农业是现代农业的新形态之一，是现代旅游业的一种新的消费业态。同时，发展休闲农业是实现农民增收和脱贫的重要渠道，有利于推动农业和旅游业供给侧结构性改革，促进农村产业融合发展，是建设社会主义新农村的重要举措。

我国是世界农业大国，有丰富的农业资源和悠久的农业历史，发展休闲农业的条件优越。我国的休闲农业起步较晚，早期的休闲农业主要以参观性为主。随着市场经济体制改革的深化、商品经济的丰富、城市居民的收入大幅提高，生活消费不再仅限于日常衣食住行，城市生活的压力让城市居民产生回归自然，体验田园生活的欲望。此时，在城乡接合的地区或者是旅游景区周围陆续出现了一些依托当地农村资源的"农家乐"、"鱼家乐"和采摘园等休闲农业方式。但是这种方式一般规模较小，多以农户自发形成，经营管理不规范，缺乏可持续发展能力。

为了进一步规范休闲农业的经营并提高其市场竞争力，可以从以下几个途径来深入发展。一是发展农业科技园。即将农业科研、生产、经营等融为一体，发挥农业生产经营的规模效应和集聚带动效应，吸引游客进行参观游览，同时实现农业科技的普及，如黑龙江省农业科学院平房区园艺研究所的农业科技园，以园艺研究所的科研成果为基础，开展休闲观光旅游服务，市民可以参观培育出来的各类新型果蔬，可以在园区餐饮、钓鱼，开展各类娱乐活动。二是发展观光农业园或休闲农业园。该形式目前在休闲农业发展中起主导作用。农业园通过引种蔬菜、瓜果、花卉、苗木及养殖各种动物等，使游客可以参观，也可以品尝或购买新鲜的农副产品，如位于哈尔滨市松北区万宝镇的葡萄王国，采用现代农业生产方式，从事葡萄的特色农业种植，现拥有 8000 亩种植园，1500 座葡萄大棚，是国内面积最大的寒地葡萄产业基地，同时每年的葡萄采摘季，游客可以亲自体验葡萄采摘的乐趣。三是发展生态农业园。采用生态农业园模式对观光农业园内的农业进行布局，将农业活动、自然风光、科技示范、休闲娱乐、环境保护等融为一体，实现生态效益、经济效益与社会效益的统一，这种模式可以看作前两种模式的集成。

6.2.3 发展专业的综合类第三方现代农业服务商

该类服务商不仅提供农资服务也提供非农资服务,如面向农村市场提供金融服务、农业信息服务等。提供农资产品的"三农"服务商,在自身经营发展过程中,紧跟市场发展方向,及时调整或增减业务内容,借助传统业务渠道优势开展多种农业服务。如黑龙江农业信息服务有限公司,是一家综合性农业服务平台,创新性地以农业金融服务为切入点,密切联系农户、银行、农资企业及粮食收储企业,打通农资团购、粮食监管、土地经营权登记及流转等环节,实现资金、土地、农资、粮食流通的闭环,打造"互联网+农业供应链金融"模式,为粮食生产产业链提供新兴金融服务。

黑龙江谷和农村经济合作社联社(以下简称谷和联社)是黑龙江省有较大知名度的综合类第三方现代农业服务商,该服务机构是一家专门从事农业金融服务和农民合作社种植业务的机构,提供包括农业金融、种植和农资服务在内的全产业链服务。在产业链上游,谷和联社联合金融行业精英资源;在产业链中游,谷和联社与黑龙江省粮食主产区的上百家市级规范合作社联手建立中国现代化大型农企产业集群,搭建平台,为农民提供金融、农资、农机、科技、信息等多元化的农业服务;在产业链下游,谷和联社组织与整合各类资源和渠道,与多家企业签订高蛋白大豆、饲料级玉米等订单,形成闭合产业链。

专业的综合类第三方现代农业服务商能够提供全产业链式的农业服务,这既有利于为农业生产提供全方位的服务,又降低了农业经营者自身的经营风险和成本,必将成为未来专业第三方现代农业服务商重要的发展趋势。

6.3 黑龙江省现代农业服务业的制度优化路径

农业是关系国计民生的重要产业,其发展一直受到国家政策的扶持。现代农业服务业的发展虽然应以市场化路径为主,但是其市场化的进程还需要相应的政策制度来加以引导和支持,特别是我国的农业生产经营受政策影响较大,因此现代农业服务业的发展还需要政策制度层面的支持与优化。

6.3.1 现代农业服务业的政策支持路径

中央一号文件连续十几年涉及农业、农村、农民的"三农"问题，特别是近几年更是关系到现代农业的发展，其中更多的是和现代农业发展有关的现代农业服务业，如农业科技、"互联网+农业"、农业电子商务等。围绕每年的中央一号文件，国家相关政府部门会出台具体的规章制度来支撑中央一号文件的执行，如农业农村部、交通运输部、商务部等各部门相继出台的电子商务进农村、农村物流基础设施建设等。同时，各级地方政府也会相继制定适合本地情况的相关政策，如前面提到的黑龙江省的相关政策。这些政策形成了从中央到部委再到省区市的完整的政策体系，将中央制定的现代农业发展政策，特别是现代农业服务业发展的制度路径进行了清晰的部署。因此，现代农业服务业今后的政策制度路径依然是以国务院的政策为战略指导，以各个部委和各级地方政府部门的高效落实为主导，以市场参与主体的积极执行为落脚点。

6.3.2 借助互联网完善农村土地流转制度

土地流转和适度规模经营是发展现代农业的必由之路，既有利于优化土地资源配置和提高劳动生产率，又有利于促进农业技术推广应用和农业增效、农民增收。在我国农村土地家庭联产承包责任制的基础上，要想实现农村土地的集中化、规模化经营，就需要不断地完善农村土地流转制度。为了保证土地实现适度规模经营，国务院相继出台了完善农村土地承包关系、做好农户土地经营权流转、引导农村土地经营权有序流转等相关政策，并提出了互换、交租、入股等流转模式，规范和引导土地流转。由于我国农村地区信息不通畅，土地流转一定程度上受到影响，在"互联网+农业"的发展背景下，借助互联网完善农村土地流转制度成为重要的途径之一，建立和完善农村土地流转信息平台是重要的举措。在这一过程中，还需要特别注意以下几个方面。

首先，建设农村土地信息资源数据库是关键。建设农村土地流转信息平台的基础和关键是对土地信息资源数据库的建设。在此过程中，要保证数据库的标准统一，特别是不同地区、不同类型的土地数据信息要进行科学分类和管理。同时，科学合理地统计土地流转数量、流转进度、流转方向等信息，保证信息的科学、公正和透明。

其次，做好农村土地流转供求信息登记。在坚持农户自主自愿的原则下，积极做好农村土地流转供求信息的登记工作，在保证农户利益的基础上，不断提高土地流转效率，切实提高农业生产的现代化、机械化、规模化水平。同时，坚持市场导向原则，确保土地流转过程的公平、公正。

再次，提供和完善农村土地流转的专业服务。借助互联网虽然能够更快、更高效地获取土地流转信息，但是作为典型的线下交易品，土地的具体流转信息离不开实地的勘查、检验及签订流转合同等线下服务。因此，在提供线上服务的同时，要不断完善土地流转的专业服务，包括土地流转双方的身份认证、流转土地的实地勘查、土地流转合同的签订、土地流转的线上监管，以及其他配套服务等，这些是土地流转信息平台能够高效运行的保障。

最后，不断创新农村土地流转形式。鼓励农民合作社、互助社、家庭农场等新型农业经营主体积极探索多种土地流转模式，特别是通过市场机制来不断盘活农村闲置土地，提高农村土地的耕作效率和产出效率。在这一过程中，政府相关部门应该积极监督和管理，通过规章制度等形式保护和推动科学合理的土地流转模式的运行，同时，对不合理的形式加以规范和治理，确保农村土地流转制度合理合法。

6.3.3　借助现代信息技术完善农业技术推广体系

农业技术推广是农业科技转化为现实生产力必不可少的重要环节。农业技术推广体系作为促进农业创新成果转化的重要载体和途径，是现代农业发展的重要基础和组织保障，对推动我国农业生产技术进步和现代农业发展具有重要作用。

我国的农业技术推广体系是在计划经济时期建立起来的，主要以行政手段为主，政府部门建立各级农业技术推广机构，并组织、协调和实施各种农业推广工作，这种组织结构和运行方式难以适应现代农业发展的市场化进程，亟须进行改革。因此，借助现代信息技术，构建农业技术推广体系，将农业生产的产前、产中、产后过程中的农业技术普及和应用纳入到农业全产业链中。在这一过程中,应注重以下几个方面。

首先,将我国现有的农业技术推广、农业良种繁育和农业技术监督检测系统进行整合,实现三个系统间的信息资源共享,发挥农业技术推广体系的最大价值。同时将群众性的农技推广组织纳入到现有的农业技术推广体系中,构建从中央到省、市、县、乡、村的多层次农业技术推广体系。

其次,借助互联网信息平台,加快农业科技成果的转化,推动传统农业向现代农业的发展。同时,借助互联网信息平台,加强农业技术培训和农业生产过程中的技术指导,特别是通过移动通信技术实现实时的农业生产指导;对农民合作社、家庭农场等新型农业经营主体开展农业技术系统培训,加大指导力度,提高农业经营主体的技术水平。

最后,构建农业技术推广体系的反馈功能,建设和完善农业生产信息追溯体系,积极参与农业生产经营的监督管理,有效保护农民切身利益,并大力推动现代农业的发展。

综合而言,现代农业服务业的发展离不开政府的政策支持和相关法律法规的监督与引导,同时要借助现代信息技术和科学管理手段加以推动,在执行政府政策和法规的同时,积极利用新型技术手段,更加高效地实现政策制度的目标。

第7章 加快黑龙江省现代农业服务业发展的策略

7.1 发达国家现代农业服务业发展经验及启示

现代农业服务业的服务水平及服务能力是衡量一个国家现代农业发展水平的重要标志。现代农业服务业是农业生产力发展和市场化程度不断提高的衍生物。中国作为一个发展中国家，其农业服务体系与发达国家农业服务体系还有较大差距，需要通过不断学习，借鉴发达国家的经验，完善自身农业服务体系，为更好地提高农业资源的配置效率，促进农业经济增长方式的转变和农业产业结构的调整提供支持。

7.1.1 发达国家现代农业服务业发展经验

1. 美国

美国农业服务体系由三部分构成：公共农业服务体系、私人农业服务体系和集体农业服务体系。

（1）公共农业服务体系。美国政府很少直接干预农业生产，而是通过立法及财政的制度性安排为农业提供保障。美国的公共农业服务体系主要由各级农业研究局、农业推广局、53 所州立大学农学院、县农业推广办公室等多部门共同构成。它们在政府经费支持下承担着农业教育、农业科研、农业推广的功能，目的是将农业科普知识及技能免费传递给农民。此外，那些直接向农民提供市场预测、农产品销售、农业信贷和农业保险等服务的农业机构，也属于公共农业服务体系。

（2）私人农业服务体系。私人公司提供的服务范畴较为广泛，众多的农民可以在享受到全面而完善的购销及加工服务的同时，也能享受到教育和科技层面的服务。美国私人农业服务体系后向一体化的实现，是农用物资供应商与农场主形成统一整体的结果；而前向一体化的实现，则是加工及销售企业与农场主形成统一整体的结果。不可忽略的是，这些私人公司在提供农业服务时，不仅能促进组织和协调农业生产，同时公司的运营状况能及时、准确地反映市场运行状况，还能够起到优化农业产品结构及调整组织生产的作用。美国私人农业服务体系的全面发展，在客观上符合生产力发展的时代要求，从而在优化美国农业产业结构、改善经营管理方式及加快农村经济发展等层面起到很好的推动作用。

（3）集体农业服务体系。集体农业服务体系的层级结构包括以下三种形式：①各种农场主合作社。它是农场主出于自身利益最大化的追求，对社员保本微利，对非社员进行商业化操作的生产合作社、销售合作社、购买合作社和服务合作社等合作组织。②农业合作信贷体系。该体系由联邦政府倡议出资兴建，较之私人商业银行放宽了贷款条件，扩宽了农民合作社的贷款渠道和资金来源。农业合作信贷体系提供三成左右的农业贷款资金。③农村电力合作社。美国政府立法明文规定了由政府主导、私营个体充分参与的农村电力发展机制体制。这从根本上解决了由地理偏僻、基础设施差造成的投资成本太高的实质性问题，这也使得私营公司愿意投身到农村的信息化建设中来，实现信息化产业向农村的推进和普及覆盖。

2. 德国

德国作为欧盟发达国家的典型代表，是世界合作社组织的发源地。经过长期的发展、调整和整合，德国农业服务体系已经形成多层级、网络型、分权式的农业社会化金融合作服务联盟体系。社员在自愿、民主的基础上组织基层合作社，基层合作社是以实力庞大的专业性农业产业化企业为核心，农民在自愿、民主的基础上加入合作组织。各基层合作社按区域组建区域性合作社联盟，联盟本身不从事具体的业务经营活动，而是为基层合作社提供多元化、综合性的服务，包括提供市场信息和咨询服务、培训合作社成员的决策和经营能力服务、解决经济纠纷服务、提供低息贷款担保服务。各区域性合作社联盟再组建全国性的合作社组织。

3. 法国

法国是欧盟头号农业大国，在世界农业中占有重要地位。法国发达的农业离不开其高效运作的农业服务体系。法国农业服务体系最大的特点是政府的农林部及其下属单位都全面地参与到了农业服务中去。法国农业服务体系是由政府公共服务机构、集体合作社和私人企业等组成的公私合作型的服务体系。虽然法国农业服务体系高度市场化，但是政府在其中投入的力度非常大，尤其是在农业科研、教育与技术推广等工作中扮演了重要角色。法国的政府公共服务机构主要负责农业基础设施建设、农业政策制定、农业服务协调、农业教育、农业基础研究、农技传播与推广、质量监管、森林与海洋水产和农村社会福利等。与其他发达国家相比，法国农业服务体系的一大特点是法国政府直接干预农业生产资料的生产。政府规定，企业如果在法国销售农业机械，那么必须持有法国农林部颁发的特许证，否则一律予以取缔。法国农业信息服务主体由国家农业部门，农业商会，各级、各类农业科研教学单位，各种农业行业组织，农业专业技术协会，民间信息媒体和各种农产品生产合作社组成，形成政府、民间、大学等多元化、全方位的信息服务格局。集体合作组织主要由农业供销合作社、服务合作社及其联社、农业行会、农业工会和农民合作社组成。目前农民合作社在法国十分普及而且数量众多，已成为法国现代农业服务体系的主体。

法国私人工商业为农业提供的服务是在农业产供销一体化经营的基础上发展起来的。一些企业仅为农业生产的某个环节或某个阶段提供服务，而另一些企业是一体化服务企业，围绕着一体化生产提供服务。在法国农业服务体系中，私人企业对农产品的收购、加工和销售业务量与合作社不相上下，而在化肥、拖拉机等农业生产资料的生产、供应方面，私人企业同国有企业平分秋色，并高于合作社。

4. 日本

日本通过立法确定了"农业协同组合"（以下简称农协）的建设方针，发挥农协的作用。日本农协根据行政区划中央、县和町来构建，因此农协机构自上而下分为农协中央会、农协联合会和基层农协。日本通过农协深入到本国农业的各个领域，全方位地服务于"三农"。日本农协提供的服务主要包括以下

方面：①购销服务。购销服务通过为农民代购生产及生活资料，为农民节省交易费用，降低成本。而代销农副产品则是农协最大且最重要的业务。②信用服务。信用贷款是农协的一个重要职能，主要向会员提供低息贷款和担保业务，并且存款利率高于私人商业银行，同时其营业网点遍布农村基层，有效地促进了日本现代农业的发展。③保险服务。农协提供的保险服务具有互助救济、金融和生活福利等多种职能，险种包括养老保险、生命保险、儿童保险等多种形式。保险服务目的在于确保农业生产经营的稳定和提高农民抵御不确定外在风险的能力。④营农指导服务。营农指导主要包括经营指导、生活指导和管理指导。经营指导是农协的主要业务，其业务范围包括制订农村发展计划，指导农村基础设施建设，养殖品种的推广、栽培、饲养标准、技术交流、培训和产品销售指导等。⑤医疗保健服务。农协承担日本农村大部分医疗保健工作。

7.1.2　发达国家现代农业服务业发展启示

1. 发展适合本国国情的农业服务体系及模式

通过比较可见，各国的农业服务体系都是与各国国情相适应的，具有各国特色。例如，美国从事农业的劳动力比较少，地广人稀，因此大力发展农业机械化、农业信息化及生物育种。日本政府强调政府与农协的合作，而德国则由政府、农协及农业职业联合会三方综合管理。可见，不同国家其农业服务体系及模式都是不同的，应符合各国国情，应找到推动农业积极发展的决定性因素，即农业服务体系。无论是发展中国家还是发达国家，其农业服务体系至关重要。

2. 大力推动农业基层合作组织的建立

中国农民数量庞大、分布广阔，因此构建一个完善的现代农业服务体系是非常艰巨的任务。通过比较分析发达国家农业服务体系可以看到，农业基层合作组织起到了重要作用。当前我国的农业基层合作组织还处于发展初级阶段，其农业服务体系方面的优势还未能充分体现。因此，相关制度、法律法规还需进一步健全完善。所以，应进一步推动农业基层合作组织的构建及扩大其影响力，提升参与农户的百分比，最终提高农户的生产经营活动的活力。

3. 引导更多的农业企业参与现代农业服务

国外现代农业服务大部分是私人服务机构提供的，由于私人服务机构提供的产品通常与经济效益挂钩，其服务质量与效率都是非常高的，私人服务机构可以在指定时间内提供全方位的服务。国内企业参与农业服务的程度并不高，为农民提供高效、高质量的服务并未充分体现。因此，要想大力提高国内服务农户的服务质量，必须通过政策引导大量农业企业，尤其是引导有影响力的农业企业参与到现代农业服务中。

4. 重视发展农业科技、金融、信息等基础性服务

农业科技、金融及信息等基础性服务贯穿农业生产经营的全过程，因此其发达程度直接影响农业生产经营的效益和现代农业服务水平的高低。发达国家该方面的基础性服务十分先进，科技水平极高，金融服务完善，信息服务发达，有力地推进了现代农业的发展。我国该方面基础性服务水平低，发展比较缓慢，尤其在对农服务方面差距较大。因此，应加快推进农业科研推广体系、农业金融体系、农业信息化服务体系的构建和完善，为发展现代农业提供良好的基础。

7.2　以互联网为基础的黑龙江省现代农业服务业发展框架

《国务院关于积极推进"互联网+"行动的指导意见》（国发〔2015〕40号）提出，利用互联网提升农业生产、经营、管理和服务水平，培育一批网络化、智能化、精细化的现代"种养加"生态农业新模式，形成示范带动效应，加快完善新型农业生产经营体系，培育多样化农业互联网管理服务模式，逐步建立农副产品、农资质量安全追溯体系，促进农业现代化水平明显提升。

黑龙江省作为农业大省及国家重要的商品粮基地，亟待加快转变农业生产经营方式，调整农业的产品结构，发展以互联网为基础的黑龙江省现代农业。通过推进优质绿色农产品如大米、木耳、小米等的网上销售，发展智慧农业，加强农产品及农资的质量溯源监管，为农民提供更多、更便捷的农业社会化服务，尽快建立并完善新型现代农业服务体系，以促进互联网与农业的深度融合，

培育形成新的农业经济业态,加快推动黑龙江省由农业大省向农业强省跨越式发展。可见,要完成以上任务与目标,必须建立起以互联网为基础的黑龙江省现代农业服务业发展框架,以互联网为依托,从生产、销售、监管及农业信息服务等多方面为农民提供服务。

7.2.1　基于互联网技术发展智慧农业

(1) 推进智慧农业生产。智慧农业通过将农业生产和生态环境整体化,通过农业科技改善农作物的物质交换与循环,使其对生态环境的影响控制在环境可承受范围之内,通过农业技术的推广使用,提高农业生产效率。智慧农业生产通过"3S"技术(RS,remote sensing,遥感技术;GPS,global positioning system,全球定位系统;GIS,geographic information system,地理信息系统)可实现自动播种、灌溉、施肥、除草、病虫害预防等功能。黑龙江省发展智慧农业,可以通过发展现代农业示范园区、绿色食品种植园区等作为智慧农业发展的示范点,重点打造一批水旱田绿色有机农作物、蔬菜棚室物联网应用示范区(场),推广、应用基于物联网技术的自动喷滴灌、环境监控和病虫害预警系统,精准监测地温、气温、墒情、土壤养分等农作物生产环境指标,科学组织生产活动。逐步建立完善的测土配方施肥信息查询和专家咨询系统,建立省级测土配方数据库,通过推动互联网技术与土肥技术的集成创新,指导农民精量、精准施肥。同时,通过建立、完善病虫害在线监测系统,扩大乡村病虫害监测点数量,通过智能化监测工具和信息采集传输装备,实现信息自动接收、分析汇总、远程诊断。在开展农情田间定点监测试点基础上,逐步建立黑龙江省农情田间监测系统。

(2) 加强智慧农业管理。智慧农业管理主要包括两个方面:农业产业链社会化服务平台和农业灾害监测平台。其中,农业产业链社会化服务平台是依靠互联网技术,建立集农业经营者、农产品加工、农资企业上下游产业链社会化服务为一体的平台。农户可以在平台上建立自己的讨论组,讨论农业生产中出现的问题,并可以利用移动终端上传农作物生长图片、视频等,描述农作物的生长状况与病情,通过专家在线解答防治办法。农业灾害监测平台可以通过"互联网+气象"的精准服务，为农民提供准确的天气变化信息。农业灾害监测平台利用互联网和移动终端系统的信息传播能力，将信息及时传送到农民手中。

7.2.2　健全完善农产品质量安全追溯体系

1. 完善农产品质量安全追溯体系

加强省级农产品质量安全追溯体系建设，健全追溯数据录入、监管信息综合统计、追溯码生成、终端查询和数据共享等功能，为消费者提供系统完备、查询便捷的农产品质量信息服务，为监管部门和电子商务销售提供信息翔实的质量安全大数据共享接口。组织引导新型农业经营主体进入省级平台或自建质量安全追溯体系，通过多种途径，使经过认证的绿色食品生产企业实现产品质量可追溯。

2. 统一规范农产品质量安全追溯信息

以消费者方便查询和重点关注的信息为重点，统一规范农产品质量安全追溯信息，全面录入农产品产地基本情况，农药、种子、化肥等生产投入品，重要生产过程简短视频，农产品质量标准、营养成分等信息，提升农产品质量安全追溯的可信度，进一步提高黑龙江省优质农产品的市场竞争力。

3. 提高质量信息实时监控水平

鼓励产品供应北京市、上海市等高端消费市场的黑龙江省内农产品生产基地建立可视监控系统，并将生产过程的视频信号连接传输到销售市场，使黑龙江省外消费者能够通过视频显示屏幕，实时查看黑龙江省基地生产作业和作物生长情况，提高生产环节透明度，提升销售市场对黑龙江省农产品质量安全的信任度。

7.2.3　加快发展农业电子商务

1. 建立多层次电子商务渠道

依托黑龙江省优质大米资源，建设具有国内外影响力的综合性大米销售平台——黑龙江大米网，带动全省农业电子商务全面发展。支持生态龙江、大农网、仓买网、黑森商城、惠丰通村网等黑龙江省内本土平台型电子商务企业加快发展。积极与天猫、淘宝网、京东商城、1 号店等大型知名电子商务平台开展合作，建立黑龙江省地方馆、特色馆，组织具有地方特色的"三品一标"农产品集中入驻，开展网上销售。发展应用型电子商务企业，引导新型农业经营主体建立网店。

2. 发展多样化电子商务销售模式

发展大宗农产品网上交易，龙头企业与合作社等通过电子商务平台实现与采购商的直接对接，推进大宗农产品线上、线下交易。瞄准高端产品和消费群体，发展有机农产品私人和集团定制，实现优质、优价，提高种植收益。推进大米、大豆、杂粮等具有地方特色的农产品直供，特别是有地理标识的农产品产地直供。通过电子商务企业与大型知名农资企业合作，推进质量能放心、价格可接受、服务有保障的农资产品的直销。发展线下体验、线上下单，线上、线下相结合的营销方式。

3. 健全电子商务服务体系

以县域为重点，成立农业电子商务服务中心或农业电子商务行业协会。调动社会资源积极性，在人员、资金、场地等配套服务方面给予支持，完善培训、物流、金融等服务功能，发展壮大黑龙江省服务型电子商务企业。以农村信息服务站、农村商超、农资店等为载体，通过改造升级，加快建设集农产品销售、农资配送、便民服务等功能于一体的农业电子商务服务点。

4. 推进农业特色产业电商化发展

结合"一乡一业""一村一品"，加快农业特色产业发展，培育网络营销额较大、农民增收效果明显的农业特色产业。把发展农业特色产业与网络品牌培育结合起来，充分挖掘黑龙江省生态环境得天独厚、绿色有机农产品的卖点和特色地域农产品文化内涵，通过新闻媒体、微信微博、博览会、推介会等多种渠道的宣传推介，打造具有互联网特点的地方特色农产品品牌。引导农业经营主体开发生产适合网络营销的农产品，推动农业特色产业与电子商务融合发展，助推三产融合。

7.3　黑龙江省现代农业服务业分层发展策略

1. 优先发展农业信息服务业和农业科技服务业

农业信息服务和农业科技服务作为现代农业服务业的基础性服务，贯穿于农业生产经营的全过程。黑龙江省作为全国重要的商品粮基地，应优先发展农业信息服务业和农业科技服务业。加快推动黑龙江省农业科研推广体系及农业信息化服务体系的构建，为黑龙江省现代农业的发展奠定良好的基础。

2. 大力发展农业金融服务业

金融机构要根据黑龙江省现代农业的发展阶段提供相应的农业金融服务，针对不同的客户提供相适应的服务。例如，制订本地农业产业化龙头企业、农业加工企业贷款业务发展规划，明确近期及中长期发展目标、发展重点及发展措施，及时满足农户与企业的资金需求。坚持因企因户制宜的原则，把握企业和农户的风险承受能力。通过掌握企业和农户的资产负债、经营效益、市场占有率、发展潜力、关联企业的经营情况及债权债务关系等情况，分析企业和农户现实的风险承受能力，注重从第一还款来源判断和把握企业和农户的风险承受能力，改变单纯依赖抵押担保或保证担保来把握企业和农户的风险承受能力的方式。灵活选择贷款方式及信贷支持方式，降低客户交易成本，适当简化贷款手续。对客户实行分级管理，实施不同的营销策略，提供有区别的信贷服务和相应的贷款管理方式。

3. 发展农业旅游等新型现代农业服务业

2017 年中央一号文件提出"大力发展乡村休闲旅游产业。充分发挥乡村各类物质与非物质资源富集的独特优势，利用'旅游+''生态+'等模式，推进农业、林业与旅游、教育、文化、康养等产业深度融合"。

"十三五"期间，黑龙江省将新增不少于 10 个现代农业庄园、10 个乡村旅游创客基地、30 个乡村旅游特色小镇、100 个省级乡村旅游点、100 个民宿客栈、300 个乡村农家乐示范户，形成各类型产品互动协调的乡村旅游发展格局。乡村旅游在黑龙江省美丽乡村建设，产业扶贫，第一、第二、第三产业融合发展中的地位更加突出，作用更加明显。

7.4　黑龙江省发展现代农业服务业的政策建议

1. 制定推动农村合作性组织发展的政策

农村合作性组织应成为推动农村基层信息、科技、流通等服务发展的推动者，而不是成为一些人投机国家政策的平台。因此，农村合作性组织的成立需要规范化。政府要进一步提高农村合作性组织准入门槛，建立监管机构，严格规范审核农村合作性组织的资质，保证通过申请的农村合作性组织各项指标均符合标准，这样农村合作性组织抵御市场风险的能力强、盈利能力也强，能够长期在农产品市场中生存，也能够成为长期推动农村基层社会化服务发展的有力的组织保障。

2. 健全农业科技推广和服务体系

农业科技服务业是现代农业服务业的核心，农业科技推广又是农业科技服务业的重要环节。黑龙江省应建立以市场为导向、政府主导、多方参与的多元化农业科技推广和服务体系。充分发挥现有省、市、县、乡四级政府农业科技推广网络在公益性农业科技推广中的基础性作用，通过政府主导，引导农业科研、教育等涉农企业参与其中，形成分工协调、全方位服务的多元化的农业科技推广和服务体系。

3. 鼓励黑龙江省内涉农企业积极参与农业服务

通过制定相应的激励政策，引导黑龙江省内涉农企业参与到农业社会化服务中。一方面，通过涉农企业的参与，通过农业社会化服务，涉农企业可以获得更多的潜在客户，进而在未来获得更多的市场份额；另一方面，涉农企业在为农户提供农业服务过程中，获得相应的财政补贴，可弥补提供服务的部分成本，使企业有动力为农户提供进一步的服务。

第8章 "互联网+"背景下黑龙江省农业电子商务发展策略

8.1 黑龙江省发展农业电子商务的必要性

黑龙江省全省土地总面积 47.07 万平方千米，居全国第 6 位，占全国土地总面积的 4.9%，其中耕地面积 1592.39 万公顷[①]，是我国重要的农业生产大省。黑龙江省粮食产量连续多年增长，从 2010 年的 5013 万吨增长到 2016 年的 6058.5 万吨，是全国最大的商品粮基地。因此，黑龙江省发展农业电子商务具有重要的现实意义。农业电子商务的快速发展对转变广大农民的生产经营理念，拓展创业、就业渠道，促进农民增收会产生深刻影响。

1. 农业电子商务是黑龙江省现代农业发展的必由之路

现代农业已经从以机械化、自动化为主的时代逐渐发展为以信息化为主的时代，缺乏现代信息技术的支撑，农业现代化发展必然艰辛，农业电子商务的快速发展为农业现代化发展提供了重要的保障。

黑龙江省地域广阔，土地、林业等自然资源丰富，农产品种类多种多样，同时产量较大。国有农场、家庭农场等大型农业经营主体的农业生产机械化、自动化程度较高，但是在农业供求信息、市场营销推广、农产品品牌创建等方面还存在较大的不足，特别是在市场信息的了解、掌握及对农业生产链各个环节的集成优化等方面亟须提高，而这些方面正是现代农业高效发展的必要条件。农业电子商务能够充分利用现代信息技术，特别是互联网技术，加快农业

---

① 《2017 年黑龙江国土资源公报》，http://www.hljlr.gov.cn/zwgk/tjxx/201811/P020181112361947818271.pdf[2019-05-13]。

产业链的整合,促进农业信息的流通,是推动和促进现代农业发展的必由之路。

2. 电子商务是帮助黑龙江省农民脱贫和提高收入的重要途径

通过电子商务实现精准扶贫已经成为当前农业电子商务的重要发展方向,通过鼓励和带动贫困人口开展电子商务,不仅能够促进现代农业发展,还能够有效地帮助贫困农户实现脱贫。黑龙江省有 28 个贫困县,截至 2015 年底,农村贫困人口占全省农村总人口的 10.93%,农民脱贫工作十分艰巨。农业电子商务在立足农业生产的基础上,充分发挥农村的自然资源特点和农业生产特色,给农民提供了可持续的收入来源,成为帮助农民脱贫的重要途径。截至 2016 年底在黑龙江省的 21 个电子商务示范县中,国家级贫困县有 10 个,省级贫困县有 1 个。2014 年到 2016 年期间,黑龙江省通过开展电子商务进农村综合示范项目,帮助 1.1 万名贫困农民开办网点,300 多建档立卡贫困户得到精准帮扶。因此,农业电子商务已经成为帮助农民脱贫和提高收入的重要途径。

3. 农业电子商务是提升黑龙江省农业市场竞争力的重要方式

黑龙江省具有得天独厚的自然资源,肥沃的黑土地种植出大量健康、有机的绿色农产品和特色农产品,但是由于农业经营者缺乏市场意识,黑龙江省农产品在市场竞争中处于劣势地位。大量的"三品一标"农产品由于缺乏市场运作和品牌推广,市场竞争力不足,市场需求缺乏,严重影响了黑龙江省的农业发展。现代农业发展的重要标志之一是市场成为农业经济运行的载体,面向市场组织农业生产,实现农产品高效的市场化运作。黑龙江省现代农业发展在这一点上严重不足。电子商务的出现和快速发展,为农产品的市场化运作提供了良好的途径。同时,高效的农业电子商务经营能够实现农产品品牌的快速推广,迅速满足市场需求,并实现信息的充分交流,从而极大地提升农产品的市场竞争力。

4. 农业电子商务是加快黑龙江省农村经济发展的重要动力

农业电子商务的发展不仅可以建网站,通过网络平台销售产品,还可以带动与农业电子商务发展密切相关的物流配送、产品供给、包装等行业的发展,因此能够大大促进服务业的发展,有效推动农村地区的经济发展。同时,农业电子商务已经成为农村青年返乡就业的创新平台。资料显示,自 2014 年以来,黑龙江省电子商务示范县带动就业人口 1.8 万多人,其中,大学生、返乡农民工 5000 多人,留守妇女 1800 多人,农业电子商务不但改善了农村人口结构、消费方式、生活方式,而且成为推动黑龙江省农村经济发展的一支重要力量。因此,农业电子商务是促进农村地区经济发展,带动农村、农业现代化发展的重要推动力。

8.2 黑龙江省农业电子商务发展现状与面临的挑战

为深入贯彻落实《国务院关于积极推进"互联网+"行动的指导意见》(国发〔2015〕40 号)和《国务院办公厅关于促进农村电子商务加快发展的指导意见》(国办发〔2015〕78 号),黑龙江省政府先后发布了《黑龙江省"互联网+农业"行动计划》(黑政办发〔2015〕51 号)、《黑龙江省加快农村电子商务发展工作方案》(黑政办发〔2016〕37 号)和《推动农村电子商务新增长点行动方案(2017—2020 年)》(黑商发〔2017〕276 号),加快推进互联网技术与农业的深度融合,发挥农业电子商务在推进农村市场现代化,促进农业增效、农民增收和农村繁荣,推动农村经济转型升级等方面的积极作用,推动农业电子商务健康快速发展。

8.2.1 黑龙江省农业电子商务发展现状

在各级政府的政策支持环境下,黑龙江省深化农村流通体制改革,创新农村商业模式,培育壮大农业电子商务市场主体,构建线上线下融合、覆盖全程、综合配套、便捷实惠的现代农村商品流通和服务网络,扩大农业生产资料、农产品的电子商务交易,逐渐形成了较为良好的农业电子商务发展态势。

1. 农业电子商务发展势头迅猛

据不完全统计,黑龙江省农业电子商务交易额由 2012 年的 13.2 亿元,增长到 2015 年的 60.5 亿元,增长了 358.3%。截至 2016 年 8 月,黑龙江省农业电子商务交易额达到 67 亿元,比 2012 年增长了约 4 倍,比 2015 年全年增长了 10.7%,占农产品流通额比重由 2014 年的 2.7%增长到 5.5%。各级政府、各类农业新型经营主体积极探索农产品新的营销方式，促进农产品销售。

截至 2016 年末，黑龙江省自建了 146 个电子商务平台，其中，食品和农产品电子商务平台 93 个，占平台总数的 63.7%，在统计的五大类交易平台中位列第一。2016 年 93 个食品和农产品电子商务平台实现网络交易额 111.7 亿元，网络零售额 40.5 亿元。2016 年交易额超亿元的食品和农产品电子商务平台 8 个，其中超 10 亿元平台 4 个。黑龙江大米网累计实现交易量 3.4 万吨，交易额突破 2.1 亿元。北大荒购物网、北大荒粮油拍卖网、大农网等垦区电子商务平台开展水稻、玉米、大豆等大宗原粮交易和农副产品、农资等网上交易，上述 3 个平台 2017 年一季度共计实现大宗交易额 2.29 亿元，网络零售额 49.5 万元。黑龙江省供销合作社联合社下属企业建设的惠丰通村网开通农资供应、农品购销、农村金融等 8 个专业服务平台，累计实现交易额 170.23 亿元。

同时，黑龙江省在第三方平台开设各类网络零售店铺近 4 万家，其中农产品网店数量占全省网店总数的 30%以上；在淘宝、京东等国内主要电子商务平台开设各类农产品地方特色馆 33 个。黑龙江省各类农民合作社也开始应用电子商务平台拓展农产品营销渠道。此外，微信成为农业电子商务新的服务渠道。黑龙江省农委推动"互联网+农业"高标准示范基地探索众筹等新型营销模式，实现众筹收入 30 多亿元。

此外，通过发展农业电子商务，一大批农产品借助网络快速树立品牌形象，竞争力进一步增强。黑龙江省龙蛙粮油进出口有限公司与中国大米网等电子商务合作，将"龙蛙"牌大米打造成为中国驰名商标，远销全国 20 多个省区市。勃利县将特色产品整合包装为"东北老勃"和"勃物馆"两大品牌，推向线上市场。龙江鑫润粮食有限公司通过微店等方式，整合龙江县小米、杂粮品牌，推出"梦在龙江"绿色食品电子商务品牌。明水县申请了"明水小米""明水黑豆"两个地标产品，注册了"明绿康源""淘缘明""小明家"等县域公共品牌。黑龙江省邮政公司注册"邮选"邮政助农产品统一品牌。

2. 电子商务进农村综合示范县带动作用明显

黑龙江省作为全国首批电子商务进农村的综合示范省区市之一，2014 年庆安县、富裕县、明水县、肇源县、尚志市、拜泉县、集贤县等 7 个县成为电子商务进农村综合示范县。2015 年黑龙江省再次评选出泰来县、勃利县、延寿县、嫩江县、桦南县、海林市、方正县、克东县等 8 个电子商务进农村综合示范县。2016 年，在国家政策重点向西部倾斜的大环境下，黑龙江省作为最北部的省份，仍然增加了同江市、兰西县、林甸县、讷河市、安达市、五常市等 6 个电子商务进农村综合示范县，由此可见国家对黑龙江省农业电子商务的重视。2017 年，随着电子商务扶贫成为政府工作新重点，黑龙江省的桦川县、海伦市、抚远县、青冈县、汤原县等 5 个贫困县成为电子商务进农村综合示范县。截至 2017 年，黑龙江省电子商务进农村综合示范县已经达到 26 个，成为带动黑龙江省农业电子商务发展的重要动力。

经过 2004～2016 年的探索和推进，黑龙江省电子商务进农村综合示范工作取得了积极进展，示范县成立了电子商务办公室，出台扶持政策，整合全县资源，积极对外合作，形成了上下互动的良好发展态势。截至 2017 年 5 月末，黑龙江省已建设县级电子商务运营服务中心 19 个、县级仓储物流中心 22 个、镇级服务站 160 个、村级服务点 1485 个。2014～2016 年 21 个电子商务进农村综合示范县共实现农产品网络销售额 16.4 亿元、农村旅游服务网络销售额 2622 万元，开展各类培训 6 万多人次，带动就业 1.8 万余人。新增电子商务网民 52.8 万人，帮助 1.1 万名贫困群众开办网点创业，1200 余名贫困群众通过相关产业就业，实现农村电子商务交易额 16.4 亿元，其中农产品上行交易额 6.19 亿元。仅 2016 年一年，累计农村电子商务代购 10 674.6 万元，农产品上行交易额 16 279.31 万元，黑龙江省农业电子商务发展已初具规模。

3. 农业电子商务服务网络初步形成

为了更好地促进农业电子商务的发展，以物流为主的电子商务配套服务网络迅速发展。截至 2016 年底，黑龙江省供销合作社联合社在双城、五常等 67 个市县建设村级电子商务服务社 4173 个。黑龙江省邮政公司建设"邮掌柜"站点，与省交通运输厅合作建设"交邮合作"站点，截至 2017 年 5 月末，在全省范围内改造自有网点 44 个，建成邮掌柜站点 10 266 个、交邮合作站点 212 个。哈尔滨易淘网络科技有限公司布局县域服务网络，建立 32 个县级运营中

心和 5009 个村级服务站，将物流等服务从县城拓展到村级服务站。阿里村淘
在黑龙江省设立服务站点 213 个，京东、苏宁也纷纷在黑龙江省农村设立农业
电子商务服务站。国有企业与著名电子商务企业共同打造的黑龙江省农业电子
商务服务网络初步形成。

4. 电子商务精准扶贫取得积极进展

为了加快扶贫工作，2017 年 7 月黑龙江省政府发布了《黑龙江省电商精
准扶贫实施方案》（黑商函〔2017〕518 号），指导和促进电子商务的精准扶
贫工作。截至 2016 年底，黑龙江省的 20 个国家级贫困县、8 个省级贫困县建
设电子商务平台 8 个，其中 10 个国家级贫困县和 1 个省级贫困县开展了电子
商务进农村综合示范项目，争取到中央财政扶持资金 2.8 亿元。这些电子商务
进农村综合示范县带动就业 19 862 人，其中农村青年 8211 人、大学生和返乡
农民工 5812 人、留守妇女 2561 人、残疾人 221 人、贫困人口（含建档立卡贫
困户）3067 人，帮助近 11 000 多名贫困群众开办网店创业。黑龙江省邮政公
司与黑龙江省扶贫办合作建设邮乐购精准扶贫站，截至 2017 年 5 月末建成精
准扶贫站点 42 处，覆盖全省 28 个贫困县。电子商务的快速发展为黑龙江省贫
困农户脱贫提供了有效的途径。

8.2.2　黑龙江省农业电子商务发展面临的挑战

虽然黑龙江省农业电子商务获得了较好的发展，但是由于黑龙江省地处东
北极寒地区，近年来经济发展速度较慢，网络基础设施比较落后，农户的网络
意识和网络购物观念尚待进一步提高，同时相关的电子商务配套服务体系不够
完善，黑龙江省农业电子商务发展尚面临较大挑战。

1. 农民电子商务观念缺乏，对电子商务认识不足

黑龙江省农民受传统生产和营销观念影响较大，对电子商务的认识不足，特
别是贫困地区农户对电子商务的认知存在严重不足，几乎没有开展任何形式的电
子商务活动，农业生产多是自给自足的生产状态，严重影响了现代农业的发展。
此外，大部分农民仍局限于现金交易、现场交易，对网络交易、电子支付等方式
尚不能完全接受，并且从事农业生产的农民年龄多在 50 岁以上，对电子商务、电

子支付、网络营销等新型经营形式接受能力不强，对农业电子商务的发展造成了一定的阻碍。

2. 农业产业基础薄弱，农产品电商化存在困难

黑龙江省农业生产主要是以水稻、玉米、大豆等粮食作物为主，而粮食作物一般单价较低，运费占比较高，在网络销售中不占优势。从当前的农产品电子商务发展来看，网络销售较好的多是具有"三品一标"等标志的特色农产品，黑龙江省通过认证的特色农产品更多地集中于大米等粮食作物，而蘑菇、木耳等农产品缺少相关认证，不利于在网上进行销售。同时，农产品标准化难度较大，不同年份、不同地域的农产品差异较大，很难使消费者满意。因此，黑龙江省农产品电商化存在较大的困难。

3. 农产品物流配送体系不健全，配套设施不完善

目前，黑龙江省大多数地方的物流公司配送体系只能覆盖到县一级，乡镇村屯无法送达，即便有送达乡镇的，也由于货物数量、路程等原因滞留时间长，农民的网购需求得不到满足，更主要的是农产品不能快速、便捷地送达需求市场。此外，黑龙江省处于物流配送网络的末端，现代化物流配送体系不健全，高质量的保鲜设备和运输设备不完善，特别是冷链物流发展欠缺，农产品包装、保鲜技术、储存和配送能力落后。黑龙江省农产品物流成本占比较高，与江浙等发达地区相比，物流上行成本较高，增加了农产品上行的难度。此外，黑龙江省农业电子商务物流配送服务体系尚不健全，影响了农产品的物流配送效率。

4. 农业电子商务人才匮乏，电子商务技能不足

黑龙江省农村从事农业生产的人口年龄多是在 50 岁以上，受教育程度以中小学为主，农村地区高中及以上学历文化的劳动力仅占 13.8%，严重缺乏计算机应用和管理等方面的技术人员。虽然以手机和电脑为代表的互联网应用已经在农村地区较为普及，但是农户的使用技能仅限于上网查看信息和沟通交流等简单的操作。农业电子商务的应用涉及计算机、经济、法律、管理等多个领域，需要既懂计算机又懂经营管理等知识的复合型人才。现有的农村人口显然不具备这些知识和技能，严重影响农业电子商务的推广和发展。

5. 专业农业电子商务服务商缺乏，服务网络不健全

农业电子商务不仅涉及网站建设和网络运营，还涉及物流网络构建、农产品标准化建设、网络品牌推广、农产品供应链的运营等众多的环节，显然农户不具备这些专业的知识和技能，这就要求有专业的电子商务服务商来提供相应的服务。目前，除了阿里巴巴、京东、苏宁等主要电子商务平台提供销售平台和黑龙江省邮政公司及个别企业提供电子商务服务外，很少有专业的电子商务服务商提供农业电子商务发展急需的相关服务，与江浙等地区的专业电子商务服务商的快速发展相比，黑龙江省尚存在很大不足，严重影响了农业电子商务的发展。

8.3 黑龙江省农业电子商务发展面临的机遇

1. 政策支持，农业电子商务发展前景广阔

为了加快农业发展，促进农业产业升级，国家从多个层面出台政策支持农业发展，特别是中央一号文件着重提出大力推进"互联网+"现代农业模式，应用互联网、云计算、大数据等现代信息技术，推动农业全产业链改造升级，促进农业电子商务发展。黑龙江省积极响应国家号召，先后出台了"互联网+农业"行动计划，制定了农业电子商务发展工作方案等多项政策措施，从发展方向和发展路径上为农业电子商务的发展指明了方向。

2. 网络基础设施不断完善，农村网络信息水平不断提升

为了加快互联网的普及和发展，黑龙江省先后启动了若干互联网建设项目。2015 年黑龙江省实施"全光网城市"建设，实现 90%以上县（市）城区和 60%乡镇成为全光网县（市）乡（镇），97%的行政村通宽带；完成新建基站 2 万个，4G 网络覆盖县城和发达乡镇，不断扩大普及规模。黑龙江省网络基础设施建设进一步完善，信息通信能力显著提升。

截至 2015 年 12 月，黑龙江省网民规模达 1707 万人，互联网普及率为 44.5%。全省城镇网民占比为 73.3%，农村网民规模达 456 万人，农村网民占比达 26.7%，城乡网民占比差距进一步缩小。网络基础设施的不断完善，为农业电子商务的发展奠定了坚实的物质基础。

3. 农业产业转型升级，农业信息化全面发展

2015 年，黑龙江省深入贯彻落实国家"互联网+"战略部署，针对农业经营主体、生产、金融、营销、物流、监管等环节提出"互联网+粮食""互联网+林业"等农业领域行动计划，加深互联网与农业融合发展。同时，黑龙江省与阿里巴巴、腾讯、京东等达成"互联网+"合作协议，实现 5 个县、213 个村开建农村淘宝项目，带动农业电子商务平台、农业电子商务交易模式创新及发展，形成新的农业经济业态，推动精准农业信息系统等深入应用，逐步实现农业产业化和互联网化。此外，黑龙江省通过典型示范、指导服务等多种形式，树立"互联网+"的经营理念，利用物联网、大数据、智能化等技术，引导家庭农场、农机大户加入农机管理信息系统，推广土壤检测、地温气温监测、农情田间监测等一站式服务，提高农业生产信息化服务水平。

4. 农业电子商务服务环境日趋改善，呈现多样化农业电子商务模式

随着农业电子商务的快速发展，以及各大电子商务平台大力实施农业电子商务战略，各类专业服务商也开始进入农村，从提供货源供给、仓储、摄影摄像、图片处理、网店装修代运营、策划运营、融资理财、支付、品牌推广到管理咨询、人才培训、物流、法律等一系列服务，农业电子商务服务商越来越多，服务环境日趋改善。同时，各类主流电子商务模式如 B2B（business to business，企业对企业）、B2C（business to customer，企业对消费者）、C2C（customer to customer，消费者对消费者）、O2O，以及微商、本地生活、跨境电子商务等在涉农电子商务领域全面涌现，农产品批发市场发挥线下实体店优势，推动实体与网络市场的融合发展，实现线下农产品实体市场的转型，农业电子商务呈现多样化的发展趋势。

8.4 黑龙江省农业电子商务的发展策略

针对黑龙江省农业电子商务发展中存在的问题，黑龙江省政府从加大网络基础设施投入、加强电子商务平台建设、健全物流配送体系、降低物流成本、

加强农产品质量标准体系建设、注重人才培养等多个方面采取措施,有力地推动了农业电子商务的发展。为了进一步加快和推动黑龙江省农业电子商务健康、快速、高效地发展,还应该从以下几个方面着手。

1. 培育壮大农业电子商务经营主体

由于农户自身的能力及资源等的局限,仅依靠农户自身不可能发展壮大农业电子商务,黑龙江省应该积极培育和壮大以大型农业企业集团、家庭农场、大型电子商务平台为主的电子商务经营主体,特别是重点打造一批黑龙江省的区域性优势农业电子商务平台,做大做强以黑龙江大米网、北大荒购物网等为代表的本省电子商务平台,带动中小企业积极参与农业电子商务建设。

同时,积极引导电子商务服务企业参与农业电子商务的建设,提供包括开设网店、代理运营、市场推广、仓储物流、品牌培育、人员培训及技术支持在内的专业的电子商务服务。鼓励和支持电子商务服务企业做大做强,同时借鉴国内农业电子商务发达地区的经验,通过引进和市场开发等多种形式,开展合作,带动本地电子商务服务企业的发展。

2. 持续推进电子商务进农村综合示范县的建设

电子商务进农村综合示范工作的开展对农业电子商务的发展起到了切实的带动和引领作用。截至 2017 年底,黑龙江省已有 26 个县成为电子商务进农村综合示范县,对促进当地农业电子商务发展,带动当地经济发展及提高劳动力就业,加快脱贫步伐起到了积极的推动作用。因此,应该持续推进电子商务进农村综合示范县的建设工作,用好国家的财政专项资金,引导各县市制定配套政策,加大对农业电子商务企业的支持力度,提高农业电子商务的配套服务能力,促进工业品下乡和农产品进城的双向流通,进一步发挥示范县的带头引领作用。

3. 发展壮大农业电子商务产业园区建设

黑龙江省农业电子商务发展的重要特点是农业电子商务企业规模小、分布分散,难以形成规模优势和集聚优势,因此应该借鉴工业产业园区的建设经验,推动有条件的地区建设农业电子商务产业园区,特别是以省会和地级市为中心的城市群与城市带，提升农业电子商务企业的产业集聚性。推动农业电子商务产业园区的软硬件建设，特别是提高公共服务能力，制定优惠政策，吸引电子商务平台、电子商务服务企业入驻，拓展农业电子商务产业链，发挥集聚效应，带动周边区域的农业电子商务发展。

4. 完善农业电子商务服务体系

电子商务的发展需要整合信息技术、物流、金融、传统商贸等多种资源，实现网络、设施和信息的共享衔接，因此要不断完善农业电子商务服务体系。首先，不断完善农村物流服务体系。支持物流快递企业合作组建物流配送中心，提高物流配送效率，引导农业电子商务企业、农民合作社、农产品加工企业等积极创新，降低物流成本。同时，支持各地结合实际情况构建村—乡—县—市等多层级物流体系。其次，完善农业电子商务金融服务体系。引导商业银行通过金融工具创新为农业电子商务发展提供足够的资金保障。同时，鼓励有条件的地区拓宽社会融资渠道，设立农业电子商务发展基金，加大对农业电子商务创业者的支持。最后，构建和推广农产品溯源服务体系。推动农产品溯源服务体系建设，并且在电子商务平台中推广应用，同时向家庭农场、农民合作社、种养大户等新型农业经营主体提供农产品溯源服务和查询服务，提高消费者对农产品的信任度和满意度。

5. 大力培育优势农产品电子商务品牌

首先，支持农产品电子商务平台建设，打造一批具有黑龙江省农产品特色的电子商务平台品牌，将黑龙江省地域品牌与企业市场品牌相结合，建设黑龙江省知名电子商务平台。其次，借助知名电子商务平台，打造黑龙江省农产品网络品牌，从农产品标准化建设、质量体系建设和追溯体系建设着手，提升农产品质量和市场竞争力，通过网络市场推广，提升农产品的市场影响力，培育具有竞争优势和地域特色的农产品电子商务品牌。

参 考 文 献

蔡悦灵, 吴功亮. 2016. 我国农业信息化与农业现代化的耦合发展评价[J]. 贵州农业科学, (10): 167-170.

陈凯, 刘煜寒. 2014. 中外农业生产服务业发展状况的比较分析——基于投入产出表的实证研究[J]. 经济问题, (5): 92-97.

程卓杰. 2007. 县域农业信息服务体系的构建与评价研究[D]. 东北大学硕士学位论文.

党永亮, 岑俊娟. 2015. 大数据时代农业信息服务模式研究[J]. 农业图书情报学刊, (6): 152-154.

甘甜. 2017. "互联网+"背景下传统农业向智慧农业转型路径研究[J]. 农业经济, (6): 6-8.

韩坚, 尹国俊. 2006. 农业生产性服务业: 提高农业生产效率的新途径[J]. 学术交流, (11): 107-110.

郝爱民. 2011. 农业生产性服务业对农业的影响——基于省级面板数据的研究[J]. 财贸经济, (7): 97-102.

郝希亮. 2008. 农业服务业的涵义及其拓展空间[J]. 开发研究, (6): 85-88.

胡亦琴, 王洪远. 2014. 现代服务业与农业耦合发展路径选择——以浙江省为例[J]. 农业技术经济, (4): 25-33.

黄佩民, 孙振玉, 梁艳. 1996. 农业社会化服务业与现代农业发展[J]. 管理世界, (5): 175-182.

霍秀珍, 李豫新. 2008. 现代农业服务业理论研究综述[J]. 经济研究导刊, (15): 30-32.

姜长云. 2011. 农业生产性服务业发展模式举证: 自安徽观察[J]. 改革, (1): 74-82.

靳淑平. 2014. 我国现代农业发展的演进分析[J]. 中国农业资源与区划, (5): 95-100.

井焕茹. 2013. 日本观光农业发展经验对黑龙江农业的启示[J]. 边疆经济与文化, (6): 18-19.

景守武, 夏咏, 陈红红, 等. 2015. 我国现代服务业和农业的耦合发展评价[J]. 贵州农业科学, (7): 227-232.

李海舰. 2013. 现代农业科技服务体系建设思路及需要解决的问题[J]. 河南农业科学, (8): 201-204.

李敏. 2007. 建立农业产业化金融支持体系的思考[J]. 中州学刊, (6): 61-63.

李启平. 2008. 我国生产性服务业与农业的关联性分析[J]. 求索, (4): 64-65.

李俏, 张波. 2011. 农业社会化服务需求的影响因素分析——基于陕西省74个村214户农户的抽样调查[J]. 农村经济, (6): 83-87.

李荣耀. 2015. 农户对农业社会化服务的需求优先序研究——基于15省微观调查数据的分析[J]. 西北农林科技大学学报(社会科学版), (1): 86-94.

李铜山. 2003. 论现代农业服务业的发展取向[J]. 中州学刊, (4): 41-44.

李应博, 乔忠. 2005. 中国农业信息服务模式研究[J]. 管理科学文摘, (9): 14-16.

刘海英, 王海荣, 赵淑娟, 等. 2016. 农民专业合作社休闲农业创意旅游研究——以黑龙江省绥化地区为例[J]. 沈阳农业大学学报(社会科学版), (1): 101-105.

刘立仁. 2005. 农业服务业: 建设现代农业的重要切入点[J]. 中国禽业导刊, (18): 6-7.

刘晓春. 2014. 唐山市现代农业科技服务业发展研究[J]. 广东农业科学, (3): 228-231.

吕韬, 陈俊红. 2011. 发达国家现代农业服务体系建设对我国的启示[J]. 广东农业科学, (20): 175-180.

马晶, 朱晓辉, 郑楠. 2016. "互联网+"时代的我国农村现代信息服务业发展路径研究[J]. 农业经济, (7): 38-40.

潘锦云, 李晏墅. 2009. 农业现代服务业: 以工促农的产业路径[J]. 经济学家, (9): 61-67.

潘锦云, 汪时珍, 李晏墅. 2011. 现代服务业改造传统农业的理论与实证研究——基于产业耦合的视角[J]. 经济学家, (12): 40-47.

舒尔茨 T W. 1987. 改造传统农业[M]. 梁小民译. 北京: 商务印书馆.

速水佑次郎, 拉坦 V W. 2000. 农业发展的国际分析[M]. 郭熙保, 张进铭, 等译. 北京: 中国社会科学出版社.

谭延强. 2013. 完善黑龙江省农业信息服务体系的对策研究[D]. 东北农业大学硕士学位论文.

童晶. 2012. 成都市农业服务业发展路径探析——以彭州为例[J]. 成都行政学院学报, (2): 76-81.

汪建丰, 刘俊威. 2011. 中国农业生产性服务业发展差距研究——基于投入产出表的实证分析[J]. 经济学家, (11): 52-57.

王洪远. 2014. 现代服务业与农业耦合模式构建及发展路径选择——以浙江省为例[D]. 浙江财经大学硕士学位论文.

王建忠, 王斌. 2015. 发达国家现代农业服务业的发展特点及趋势[J]. 世界农业, (1): 32-35, 143.

王钊, 刘晗, 曹峥林. 2015. 农业社会化服务需求分析——基于重庆市 191 户农户的样本调查[J]. 农业技术经济, (9): 17-26.

魏君英, 乔春成. 2016. 新型城镇化背景下农村现代服务业发展探讨[J]. 长江大学学报(社科版), (1): 44-47.

肖建中, 雷涛. 2012. 浙江欠发达地区现代农业服务业发展中存在的问题与对策[J]. 浙江农业学报, (3): 517-522.

肖建中. 2012. 现代农业与服务业融合发展研究——基于浙江实践分析[D]. 华中农业大学博士学位论文.

肖卫东, 杜志雄. 2012. 农业生产性服务业发展的主要模式及其经济效应——对河南省发展现代农业的调查[J]. 学习与探索, (9): 112-115.

徐全忠. 2013. 内蒙古现代农业服务业发展研究[J]. 未来与发展, (8): 105-108.

曾维维. 2013. 农业与现代服务业的融合发展模式: 以生鲜农产品为例[J]. 科技管理研究, (3): 107-110.

张慧琴, 周章婧. 2016. 大庆现代农业与服务业融合发展路径及机制研究[J]. 大庆社会科学, (2): 60-62.

张振刚, 陈志明, 林春培. 2011. 农业生产性服务业模式研究——以广东农业专业镇为例[J]. 农业经济问题, (9): 35-42.

周启红, 谢少安, 陈万卷. 2010. 基于现代农业视角的我国农业服务业研究[J]. 调研世界, (2): 30-31.

周婷婷. 2016. 黑龙江省乡村旅游开发研究[J]. 商业经济, (12): 7-9.

Alexandre Z. 1996. Analysing and redesigning a remote sensing business process for rapid estimates of agriculture in Europe[J]. Information Technology & People, 9(1): 25-48.

Baker M J. 2008. A structural model of the transition to agriculture[J]. Journal of Economic Growth, 13(4): 257-292.

Chhipa H. 2016. Nanofertilizers and nanopesticides for agriculture[J]. Environmental Chemistry Letters, 15(1): 1-8.

Coffey W J, Polèse M. 1989. Producer services and regional development: a policy-oriented prospective[J]. Papers in Regional Science, 67(1): 13-27.

Daniels P W, Thrift N J. 1986. Producer services in an international context[D]. Liverpool: University of Liverpool.

David P A, Hall B H, Toole A A. 2000. Is public R&D a complement or substitute for private R&D? A review of the econometric evidence[J]. Research Policy, 29(4-5): 497-529.

Fare R, Grosskopf S, Margaritis D. 2008. U.S. productivity in agriculture and R&D[J]. Journal of Productivity Analysis, 30(1): 7-12.

Gao X M, Reynolds A. 1994. A structural equation approach to measuring technological change: an application to southeastern U.S. agriculture[J]. Journal of Productivity Analysis, 5(2): 123-139.

Garrido A, Zilberman D. 2008. Revisiting the demand for agricultural insurance: the case of Spain[J]. Agricultural Finance Review, 68(1): 43-66.

Oppermann M. 1995. A model of travel itineraries[J]. Journal of Travel Research, 33 (4): 57-61.

Pradhan S, Patra P, Das S, et al. 2013. Photochemical modulation of biosafe manganese nanoparticles on vigna radiate: a detailed molecular, biochemical, and biophysical study[J]. Environment Science Technology, 47(22): 13122-13131.

Sagar M, Singla S. 2012. Integrated risk management in agriculture: an inductive research[J]. Journal of Risk Finance, 13(3): 199-214.

Turvey C G, Hoy M, Islam Z. 2002. The role of ex ante regulations in addressing problems of moral hazard in agricultural insurance[J].Agricultural Finance Review, 62(2): 103-116.

Zakaria S, Nagata H. 2010. Knowledge creation and flow in agriculture: the experience and role of the Japanese extension advisors[J]. Library Management, 31(2): 423-431.